Bibliografische Information der Deutschen Nationalbibliothek:

Die Deutsche Nationalbibliothek verzeichnet diese Publikation in der Deutschen Nationalbibliografie; detaillierte bibliografische Daten sind im Internet über http://dnb.d-nb.de abrufbar.

Impressum:

Copyright © 2017 Studylab

Ein Imprint der GRIN Verlag, Open Publishing GmbH

Druck und Bindung: Books on Demand GmbH, Norderstedt, Germany

Coverbild: ei8htz

Daniela Bräsemann

Mein Copmputer, der Coach und ich

Burnout-Präsentation mittels Blended Coaching

2015

Inhaltsverzeichnis

Inhaltsverzeichnis iv

Abkürzungsverzeichnis vi

Abbildung- und Tabellenverzeichnis viii

1. Einleitung 1
   1.1 Thematische Grundlegung 1
   1.2 Ziel der Arbeit 3
   1.3 Struktur und Abgrenzung der Arbeit 4

2. Burnout 5
   2.1 Burnout – Stand der Forschung 5
   2.2 Burnout – eine Annäherung an mögliche Auslöser 6
   2.3 Burnout in Zahlen 9
   2.4 Burnout-Prävention 13
   2.5 Exkurs: Der Einfluss von Organisationen auf Burnout 16
   2.6 Resümee des Kapitels „Burnout" 18

3. Coaching 20
   3.1 Coaching – Stand der Forschung 20
   3.2 Definition und Formen von Coaching 22
   3.3 Die Bedeutung von Selbstcoaching 23
   3.4 Überblick: Coaching Ansätze 24
   3.5 Der Coaching-Prozess 28
   3.6 Resümee des Kapitels „Coaching" 30

4. Vom Coaching zum E-Coaching und Blended-Coaching 31
   4.1 Formen und Arten von E-Coaching 31
   4.2 E-Coaching in Zahlen 35
   4.3 E-Coaching: Stand der Forschung 36
   4.4 Anforderungen an einen Blended-Coaching-Prozess 37
   4.5 Resümee des Kapitels – Relevanz für das Konzept 40

5. Beteiligte Rollen im Blended Coaching ... 41

5.1 Die Rolle des Coaches ... 41

5.2 Die Rolle des Coachees ... 43

5.3 Die Rolle der Führungskraft ... 44

5.4 Die Rolle der Personal- und Organisationsentwicklung ... 44

5.5 Resümee des Kapitels „Beteiligte Rollen im Blended Coaching" ... 46

6. Konzept: Burnout-Prävention mittels Blended-Coaching ... 47

6.1 Zielsetzung ... 47

6.2 Bedingungen und Voraussetzungen für einen erfolgreichen Blended-Coaching-Prozess ... 47

6.3 Das Konzept im Überblick ... 49

6.3.1 Wahrnehmung des Coaching-Bedarfs ... 51

6.3.2 Erstes Kennenlernen ... 51

6.3.3 Vertragsschluss ... 53

6.3.4 Klären der Ausgangssituation ... 53

6.3.5 Zielbestimmung ... 55

6.3.6 Interventionen ... 56

6.3.7 Evaluation und Abschluss des Coaching-Prozesses ... 63

7. Schlussbetrachtung ... 64

Literaturverzeichnis ... 66

Abkürzungsverzeichnis

AU – Arbeitsunfähigkeit

BEM – Betriebliches Wiedereingliederungsmanagement

BKK – Betriebskrankenkasse(n)

bzw. – beziehungsweise

ca. – circa

d.h. – das heißt

etc. – et cetera

f. – folgende

ff. – fortfolgende

F2F – Face to Face (Präsenz)

FK – Führungskraft

FSP – Föderation Schweizer Psychologinnen und Psychologen

GfK – Gewaltfreie Kommunikation

ggf. – gegebenenfalls

IT - Informationstechnologie

MBI – Maslach Burnout Inventory

MBSR – mindful based Stress Reduction (Achtsamkeitsmethode nach Zinn)

MOOC – Massive Open Online Course

Nr. – Nummer

OE – Organisationsentwicklung

o.g. – oben genannte

PE – Personalentwicklung

resp. – respektive

S. – Seite

u.a. – unter anderem

URL – Uniform resource locator (Bezeichnungsstandard für Netzwerkressourcen)

usw. – und so weiter

v. a. – vor allem

vgl. – vergleiche

VTC – Virtual Transfer Coaching

z.B. – zum Beispiel

Abbildung- und Tabellenverzeichnis

Abbildung 1 – Anzahl der AU-Tage aufgrund des Burn-out-Syndroms 10

Abbildung 2 - Die 12 zentralen Wege der Burnout-Prävention 14

Abbildung 3 - Ansatzpunkte im Unternehmen zum Aufbau von Ressourcen für die Mitarbeiter 18

Abbildung 4 - Schritte im Coaching-Prozess 28

Abbildung 5 - Nutzung neuer Medien im Coaching 35

Abbildung 6 - Kostenvergleich einer Veranstaltung ohne und mit VTC 36

Abbildung 7 - Blended Coaching-Konzept Teil 1 49

Abbildung 8 - Eingesetzte Methoden / Medien je Prozessschritt 50

Abbildung 9 - Beispiel einer Zielbestimmung mittels Spinnendiagramm 55

Abbildung 10 - Schritte der Resilienz-Entwicklung 61

Tabelle 1 – Übersicht der Kommunikationsformen und -arten des E-Coachings 33

Tabelle 2 - "Bausteine" für elektronische Coaching-Tools 39

Hinweis

Zur Gewährleistung einer besseren Lesbarkeit der vorliegenden Arbeit wird ausschließlich das generische Maskulin verwendet. Hiermit sind Frauen gleichermaßen angesprochen.

1. Einleitung

„Eins, zwei, drei! Im Sauseschritt / läuft die Zeit; wir laufen mit."

(Wilhelm Busch)

1.1 Thematische Grundlegung

„Unsere Mitarbeiter sind unser wichtigstes Kapital." – Diese oder ähnliche Aussagen sind immer häufiger in den Leitbildern deutscher Unternehmen zu lesen. Angesichts der heute schon spürbaren Auswirkungen des demographischen Wandels verbirgt sich hinter diesem Satz keine leere Versprechung mehr; vielmehr ist er für die Unternehmen zu einer irreversiblen Grundlage ihrer Existenzsicherung geworden. Denn Organisationen sehen sich gleich mehreren Kräften ausgesetzt:

Vernetzte, digitalisierte, globalisierte und dynamische Märkte führen zu einer allgemein gestiegenen Komplexität, einer immer kürzeren Halbwertszeit von Wissen und der Notwendigkeit kürzerer beziehungsweise (bzw.) effizienterer Produktionszyklen in einem erweiterten Wettbewerbsumfeld. Permanenter Wandel wird insbesondere bei innovationsorientierten Unternehmen oft zur einzigen Konstante. Damit verbunden sind steigende Anforderungen an die Belegschaft hinsichtlich ihrer Flexibilität, Mobilität, Veränderungs- und Lernbereitschaft. Für die Personalentwicklung (PE) bedeutet dies in Konsequenz, dass innerbetriebliche Seminarkataloge mit dem jährlich gleichen Angebot ausgedient haben. Weiterbildung muss „on demand" und bestenfalls individuell erfolgen.

Aber nicht nur die Einflüsse des Marktes zwingen die Unternehmen zum Umdenken. Auch der Wertewandel, der sich dadurch kennzeichnet, dass die Menschen nach einem „ausbalancierten Lebenskonzept"[1] streben, birgt eine Veränderungsnotwendigkeit in den Organisationen. Die Individualisierung, in der die Menschen eine immer größere Anzahl an Optionen in allen Lebensbereichen vorfinden und nutzen wollen, tut ihr Übriges. Selbstfindung und Selbstverwirklichung sind heute einfacher zu realisieren und werden deshalb auch von den Beschäftigten eingefordert.[2]

---

[1] (Rump & Walter, 2013, S. 27)

[2] vgl. (Rump & Walter, 2013, S. 25f.)

Zusätzlich bringt der durch den demographischen Wandel ausgelöste Fachkräftemangel erhöhte Anforderungen an die Gesunderhaltung der Beschäftigten mit sich. Der Umgang mit der psychischen Beanspruchung der Arbeitskräfte stellt im Zuge der beschriebenen erhöhten Komplexität und Veränderungsgeschwindigkeit hierbei eine besondere Herausforderung dar. Die Geschwindigkeit des Arbeitens hat sich elementar verändert, Beruf und Privatleben wurden entgrenzt.[3] Dauerstress und Burnout haben sich in den vergangenen Jahren zu einem Massenphänomen entwickelt[4]; die Zahl der Arbeitsunfähigkeitstage (AU-Tage) aufgrund psychischer Erkrankungen, wie zum Beispiel (z.B.) Burnout, ist in den vergangenen Jahren stark gestiegen.[5] Bei einem steigenden Durchschnittsalter der Beschäftigten müssen Unternehmen deshalb damit rechnen, dass ein immer größerer Belegschaftsanteil als „leistungsgewandelt"[6] gelten wird, gleichzeitig jedoch aufgrund steigender Komplexität die verfügbaren belastungsreduzierten Arbeitsplätze für leistungsgewandeltes Personal weniger werden.[7]

Spätestens hier wird deutlich: Betriebliches Gesundheitsmanagement wird zu einer „'harten' unternehmerischen Notwendigkeit"[8] und muss stärker als bisher als ein eigenständiges personalwirtschaftliches Themenfeld etabliert werden.[9] Eine enge Verzahnung mit der Personalentwicklung sowie eine konsequente Präventionsorientierung sind unabdingbar. Es ist Zeit für einen Paradigmenwechsel in den Unternehmen. „Unsichtbare" Phänomene wie Leistungsreduzierung oder innere Kündigung müssen sichtbar gemacht und „behandelt" werden,

---

[3] vgl. (Rump & Walter, 2013, S. 23)

[4] vgl. (Buchenau & Nelting, 2015, S. VI)

[5] vgl. hierzu Kapitel 2.3

[6] Das Konzept der Leistungswandlung geht davon aus, dass Beschäftigte das Anforderungsprofil ihres bisherigen Arbeitsplatzes nicht mehr erfüllen können, an anderer Stelle jedoch volle Leistungsfähigkeit erreichen können. Damit grenzt er sich definitorisch von Begriffen wie „Tätigkeitseinschränkung" oder „Behinderung" ab. Die Praxis zeigt, dass Leistungsfähigkeit nicht immer an messbaren Größen verankert werden kann, weshalb das Konzept der Leistungswandlung sehr individuell zu betrachten ist und in der Praxis eher einen idealistischen Charakter hat.

[7] vgl. (Rump & Walter, 2013, S. 73)

[8] (Rump & Walter, 2013, S. 91)

[9] vgl. (Rump & Walter, 2013, S. 74)

bevor es zu Burnout-Fällen kommt, die für die gesamte Organisation existenzgefährdend werden können.[10]

1.2 Ziel der Arbeit

Die thematische Einleitung macht deutlich, dass nur eine gelungene Kombination aus einer Personalentwicklung, welche die veränderten Anforderungen an Beschäftigte aufnimmt und deren individuelle Stärken fördert sowie einem Gesundheitsmanagement, in dem Investitionen als Return on Investment verstanden werden, „dazu beitragen kann, eine Lebensarbeitszeit von 45 Jahren zu ermöglichen"[11].

Die Suche nach einem geeigneten Personalentwicklungsinstrument, welches mit einem präventiven Gesundheitsmanagement einher gehen kann, führt rasch zu Coaching. Publikationen zum Thema Coaching sind allerdings oft thematisch breit angelegt und bleiben damit allgemein.[12] Zudem wird Coaching häufig nach wie vor negativ assoziiert[13] oder – vor allem als Instrument für die „breite Masse" der Beschäftigten – aus Kostengründen abgelehnt. Neuere Entwicklungen, Coaching zu „virtualisieren" können dieses Instrument jedoch nun leichter verfügbar werden lassen.[14]

Für eine gelungene Burnout-Prävention scheint ein rein virtuelles Instrument allerdings „zu kurz gegriffen". Da der Aspekt, Coaching als Instrument zur Burnout-Prävention zu nutzen, dennoch sinnhaft erscheint, soll diese Arbeit das bisher wenig erforschte Gebiet des Blended-Coachings – also die Verbindung von klassischem Coaching und E-Coaching – aufgreifen.

Zielsetzung dieser Arbeit ist es, eine theoretisch-konzeptionelle Grundlage für ein Blended-Coaching-Konzept zur Burnout-Prävention zu schaffen. Dabei wird eine spätere Anwendung des Konzepts in mittelständischen deutschen Unternehmen unterstellt, welche das Instrument nicht nur für bestimmte Zielgruppen, sondern flächendeckend anwenden.

Diese Arbeit richtet sich an Wissenschaftler sowie an alle Personen, die im Rahmen der PE und Organisationsentwicklung (OE) mit der Förderung von

---

[10] vgl. (Scherrmann, 2015, S. 85f.)

[11] (Rump & Walter, 2013, S. 66)

[12] vgl. (Schreyögg, 2010, S. 11)

[13] vgl. (Geißler & Metz, 2012, S. 331)

[14] vgl. (Hartmuth, 2012, S. 2)

Mitarbeitern betraut sind. Ferner gehören auch Coaches zur hier angesprochenen Zielgruppe.

1.3 Struktur und Abgrenzung der Arbeit

In einem ersten Schritt wird das „Phänomen" Burnout hinsichtlich des aktuellen Forschungsstands mittels einer umfangreichen Literaturrecherche analysiert. Anschließend wird in identischer Weise das Feld des Coachings als Personalentwicklungsinstrument bearbeitet. Ein besonderes Augenmerk in der Recherche liegt dabei auf den Entwicklungen im Bereich des E-Coachings. Im dritten Schritt werden die an einem Blended-Coaching-Prozess beteiligten Rollen gemäß der zu erwartenden Anforderungen analysiert. Abschließend wird das Blended-Coaching-Konzept entwickelt. Es wird unter der Prämisse gestaltet, sowohl inhaltliche als auch konzeptionelle Elemente zu berücksichtigen.

Kapitel 2 stellt die Ergebnisse der Burnout-Forschung sowie geeignete Präventionsmaßnahmen vor. Diese beziehen sich primär auf das Individuum. Organisationale Aspekte der Burnout-Prävention werden in einem Exkurs betrachtet. *Kapitel 3* stellt den aktuellen Forschungsstand zum Coaching her. Ein exemplarischer Coaching-Prozess sowie die Bedeutung von Selbstcoaching stehen dabei im Fokus, da sie eine besondere Relevanz für den Blended-Coaching-Prozess aufweisen. *Kapitel 4* fasst die Besonderheiten des E-Coachings zusammen und leitet hieraus die Anforderungen an einen Blended-Coaching-Prozess ab. *Kapitel 5* beleuchtet die beteiligten Rollen und geht dabei insbesondere auf die Anforderungen ein, die an diese Rollen im Rahmen des Blended-Coaching-Prozesses gestellt werden. Im *Kapitel 6* wird das Konzept basierend auf den Ergebnissen der vorangegangenen Kapitel entwickelt. Die Arbeit schließt mit einer Zusammenfassung und einem Ausblick in *Kapitel 7*.

Diese Arbeit fokussiert bewusst auf die Handlungsfähigkeit und Handlungsnotwendigkeit des Individuums in Bezug auf die Burnout-Prävention. Die Einflüsse des Umfelds, wie z.B. die Arbeitsplatzgestaltung oder das Schaffen angemessener organisationaler Rahmenbedingungen sind nicht minder wichtig und müssen in der Praxis immer ineinandergreifen. Würde lediglich auf individueller Ebene interveniert, bestünde die Gefahr einer Musterwiederholung.[15] Aufgrund des begrenzten Rahmens der vorliegenden Arbeit wird dieser Aspekt jedoch lediglich in Form eines Exkurses in Kapitel 2.5 betrachtet.

---

[15] vgl. (Scherrmann, 2015, S. 171)

2. Burnout

„Praesto, ergo sum. Ich leiste, also bin ich."[16]

2.1 Burnout – Stand der Forschung

Eine Google-Recherche zum Thema Burnout ergibt derzeit 38.800.000 Suchergebnisse. Unter den ersten Resultaten finden sich im Wesentlichen Symptombeschreibungen und Selbsttests, welche Ratsuchenden eine Orientierung und Abgrenzung zwischen einem „Zuviel-an-Stress" und einem Burnout ermöglichen sollen.

Das zeigt vor allem: Seit Herbert J. Freudenberger im Jahr 1974 erstmals das Phänomen der emotionalen Erschöpfung beschrieb, hat der Begriff Burnout zwar „populärwissenschaftliche Karriere"[17] gemacht, eine allgemeingültige Einordnung des Syndroms bzw. eine Definition wurde in der Wissenschaft bis heute noch nicht erlangt. Die Burnout-Forschung der 70'iger Jahre, als das Krankheitsbild noch vorwiegend Menschen in „helfenden Berufen" zugeschrieben wurde, war geprägt von qualitativen Methoden wie Interviews oder Fallstudien. Die empirische Phase startete zu Beginn der 80'iger Jahre mit der Entwicklung des Maslach-Burnout-Inventory (MBI) von Christina Maslach.[18] Es enthält 22 Items, welche in die drei Skalen Emotionale Erschöpfung, Depersonalisation und Leistungs(un)zufriedenheit gegliedert sind.[19] Obwohl es Kritik hinsichtlich der Validität des MBI gibt und er sich aufgrund des Berufsbezugs der Items auch nicht universell anwenden lässt, wurde er laut einer Statistik der Burnout-Forschung, die bis in das Jahr 1996 reicht, in 91 % der Dissertationen verwendet.[20] Die Forderung von Ina Rösing nach weiterem Klärungsbedarf sowie die Kritik darüber, dass die Burnout-Forschung nach wie vor in den Kinderschuhen steckt und durch Monotonie gekennzeichnet ist[21], erscheint berechtigt. Denn heute noch reicht das Spektrum des Burnouts von einer klinischen Störung, über eine Unterform der Depression bis hin zu einer Modediagnose „ge-

---

[16] (Väth, 2011, S. 11)
[17] (Väth, 2011, S. 51)
[18] vgl. (Scherrmann, 2015, S. 54)
[19] vgl. (Burisch, 2014, S. 36)
[20] vgl. (Burisch, 2014, S. 37)
[21] vgl. (Rösing, 2003, S. 55)

stresster Großstädter, die ihrem sinnentleerten Scheitern wenigstens den Abgang des Heroischen gönnen wollen"[22].

In der klinischen Forschung gilt Burnout bis heute ebenfalls nicht als anerkanntes Krankheitsbild. Es kommt lediglich in Form einer Ausschlussdiagnose zur Anwendung.[23] Der in diesem Fall gewählte ICD-Code[24] bescheinigt dem Patienten „Probleme mit Bezug auf Schwierigkeiten bei der Lebensbewältigung"[25].

Dem ICD-Code sowie weiteren Definitionen des Begriffs Burnout ist zumindest die Beschreibung der total körperlichen, geistigen und emotionalen Erschöpfung gleich. Unterstellt werden kann somit, dass keine oder eine nicht ausreichende Regeneration des menschlichen Organismus gegeben ist. Auch wenn sich in diesem Kontext über die Vermutung mangelnder anabolischer Prozesse[26] eine Erklärung für die körperliche Genese von Burnout finden ließe – die Frage nach den individuellen Auslösern birgt die unterschiedlichsten Ansatzpunkte. Diese werden im folgenden Kapitel analysiert.

2.2 Burnout – eine Annäherung an mögliche Auslöser

Um eine für diese Arbeit notwendige Eingrenzung möglicher Auslöser zu erlangen, werden zunächst Definitionen verschiedener Autoren wissenschaftlicher Literatur genannt und reflektiert:

Manfred Nelting, Facharzt für Psychotherapeutische Medizin in Hamburg, beschreibt Burnout als einen nicht gelingenden „Anpassungsversuch unseres Körpers" an die Lebensbedingungen und *Anforderungen der heutigen Welt*".[27] Eine ähnliche Definition findet Ruth Tröster. Sie geht davon aus, dass im Falle eines Burnouts „einem Menschen *mehr Energie entzogen [wird], als ihm zugeführt wird*"[28]. Begründet wird dies mit einer quantitativen und qualitativen Überforderung, mit zu hohen Anforderungen an die Verantwortung bei zu geringer Anerkennung sowie einem außerordentlichen Arbeitsengagement seitens des Be-

---

[22] (Väth, 2011, S. 51)

[23] vgl. (Väth, 2011, S. 52)

[24] ICD-10 ist ein internationales Diagnose-Klassifikationssystem, welches für den Dialog zwischen Ärzten und Krankenkassen entwickelt wurde. Vgl. (Nelting, 2010, S. 31)

[25] (Scharnhorst, 2012, S. 13f.)

[26] vgl. (Tröster, 2013, S. 34f.)

[27] (Nelting, 2010, S. 119)

[28] (Tröster, 2013, S. 14)

schäftigten, welches nicht durch einen erhöhten Verantwortungs- bzw. Autonomiegrad gewürdigt wird.[29]

Diesen Definitionen ist gleich, dass dem Burnout-Betroffenen eher eine passive Rolle zugesprochen wird, weil die Ursachen des Burnouts „im Außen", also bei den Anforderungen der Welt oder im Verhalten des Arbeitgebers, vermutet werden.

Dieser Ansatzpunkt entspricht dem amerikanischen Fokus, in dem die Umwelt als Auslöser für Burnout betrachtet wird. Im deutschsprachigen Raum hingegen werden häufig individuelle Faktoren in den Vordergrund gestellt.[30] So nimmt Julia Scharnhorst z.B. an, „dass ein Burnout verursacht wird durch die *empfundene* psychische Überlastung im Arbeitsleben bei gleichzeitig vorliegenden *Persönlichkeitsmerkmalen und Einstellungen*, die dazu beitragen, dass zu viel Energie ausgegeben wird[31]."

Die Vermutung vorliegender Persönlichkeitsmerkmale und Einstellungen als Auslöser wirft die Frage auf, ob es einen typischen „Burnout-Charakter" gibt. Während Freudenberger begeisterungsfähige und zielorientierte Persönlichkeiten beschreibt, die „ausbrennen", spricht Christina Maslach hingegen von zurückhaltenden Persönlichkeiten mit mangelndem Selbstwertgefühl und wenig Ehrgeiz.[32] Dies legt den Schluss nahe, dass es keinen typischen Burnout-Charakter gibt und stattdessen eine differenzierte Ursachenanalyse von Nöten ist.

Kommen also doch externe Faktoren als Auslöser für Burnout in Frage? Die psychosomatische Medizin beschreibt, dass äußere Einflüsse zunehmend und ungeordnet auf Individuen einwirken, die deshalb trotz stetig besser werdender medizinischer Versorgung immer kränker werden.[33] Die in der Arbeit einleitend beschriebenen Veränderungsprozesse in Organisationen sorgen dafür, dass Mitarbeiter heute trotz hohen Engagements weniger Einfluss darauf nehmen können als früher, wie sicher ihr Arbeitsplatz ist.[34] Weitere negative Arbeitseinflüsse wie fehlende Anerkennung, ein hohes Maß an Kontrolle, ein geringeres Ge-

---

[29] vgl. (Tröster, 2013, S. 27f.)

[30] vgl. (Scherrmann, 2015, S. 32)

[31] (Scharnhorst, 2012, S. 28)

[32] vgl. (Scherrmann, 2015, S. 34)

[33] vgl. (Hartmuth, 2012, S. 9)

[34] vgl. (Tröster, 2013, S. 12)

meinschaftsgefühl, unlogische Arbeitsanweisungen oder gar widersprüchliche Werte[35] bestätigen die oben genannte Annahme der ungeordnet einwirkenden Kräfte und stützen so die These externer Auslöser für ein Burnout. Dem gegenüber steht jedoch die Frage, warum „von zwei Personen, die unter gleichen Bedingungen in der gleichen Organisation arbeiten, eine in einen Burnout [gerät], die andere dagegen nicht[36]".

Cary Cherniss hat auf Basis dieser Frage das Konzept des „Burnouts als fehlende Passung zwischen Arbeitsumgebung und Mensch" entwickelt. Er zieht in seiner Studie das Fazit, dass Burnout kein unvermeidbares Schicksal darstellt und überdies nicht an einen typischen „Burnout-Charakter" gebunden ist.[37] Er betrachtet Burnout „vielmehr [als] das Ergebnis einer implodierenden Mischung von unterschiedlichen persönlichen, aber v.a. arbeitsplatzspezifischen und lebensphasentypischen Variablen, die voraussehbar sind, [und] die aktiv angegangen werden können (…)"[38].

Die bereits in der Einleitung beschriebene Möglichkeit eines „multioptionalen Lebens"[39] als solch eine persönliche und voraussehbare Variable soll an dieser Stelle näher betrachtet werden. Sie geht sowohl mit der Individualisierung, als auch mit dem Wertewandel einher. Den Menschen stehen heute immense Optionen in Bezug auf ihren Berufsweg, aber auch auf andere Lebensbereiche, zur Verfügung. Im Umkehrschluss fühlen sich die Individuen für ihre Wahl und deren Ergebnis umso mehr verantwortlich.[40] In allen Lebensbereichen wird eine persönliche Sinnerfüllung angestrebt.[41] Insbesondere im Kontext beruflicher Erfüllung kann dies zu dem Phänomen der Subjektivierung von Arbeit führen, welches Jeanette Moosbrugger wissenschaftlich untersucht hat.

Wo der Erwerbstätige seine Lage erkennt und aus seiner „freiwilligen Selbstausbeutung" ausbrechen möchte, kann ihm ein berufliches Coaching helfen. Auch Pines stellt fest, dass gerade die Erwerbstätigen selbst gefordert sind, sich

---

[35] vgl. (Scherrmann, 2015, S. 46f.)

[36] (Scherrmann, 2015, S. 48)

[37] vgl. (Scherrmann, 2015, S. 49f.)

[38] (Cherniss, 1999, S. 18f.)

[39] (Väth, 2011, S. 19)

[40] vgl. (Väth, 2011, S. 19)

[41] vgl. (Hartmuth, 2012, S. 35)

dem Dilemma von Überdruss-Situationen zu stellen.[42] Bildung erscheint hier als ein probates Mittel, sich gegen Vereinnahmung und Funktionalisierung zu behaupten. Mittels Coaching kann ein Positionswechsel und damit ein „Blick von außen" auf die eigene Situation erreicht werden.[43] Hier ist jedoch eine echte Problemlösung gefragt. „Oberflächliche" Tipps zu einem besseren Selbstmanagement oder einer gesünderen Lebensweise können schlimmstenfalls die selbstzerstörerische Dynamik verstärken, wenn der Coachee nach seinem „Bildungs-Prozess" auch in weiteren Lebensbereichen umfassende „Erfüllung" und Perfektion anzustreben versucht.

Zusammenfassend kann konstatiert werden, dass mögliche Burnout-Auslöser sehr individuell und vielschichtig sein können, so dass diese vor Interventionen im Rahmen von Coaching-Prozessen genau analysiert werden müssen.

2.3 Burnout in Zahlen

Das Ausmaß von Burnout und die damit verbundenen Auswirkungen auf die Betriebs- und Volkswirtschaft wurden in den vergangenen Jahren auf verschiedenen Ebenen quantifiziert und sollen an dieser Stelle die Brisanz und die Notwendigkeit von Interventionen verdeutlichen.

Betrachtet man die Entwicklung psychischer Störungen, ist festzustellen, dass sich die AU-Tage diesbezüglich in den letzten 30 Jahren verdreifacht haben.[44] Der Gesundheitsreport der Betriebskrankenkassen (BKK) zeigt konkret auf, dass im Jahr 2012 auf 1.000 BKK-Mitglieder durchschnittlich 2.132 Arbeitsunfähigkeitstage kamen.[45] Über 75.000 Menschen wurden aufgrund psychischer Erkrankungen im Jahr 2012 in Deutschland frühverrentet.[46] Obwohl die Zahlen seit 2013 leicht rückläufig sind – der insgesamt sprunghafte Anstieg der Ausschlussdiagnose Burnout seit 2004 ist eine mögliche Einflussgröße für die Verdreifachung der AU-Tage wegen psychischer Störungen. Er ist nachfolgend abgebildet.

---

[42] vgl. (Pines, Aronson, & Kafry, 2000, S. 91)

[43] vgl. (Moosbrugger, 2012, S. 96f.)

[44] vgl. (Buchenau & Nelting, 2015, S. VI)

[45] vgl. (Statista - Das Statistik-Portal, 2015), zugegriffen am 16.08.2015; URL: http://de.statista.com/statistik/daten/studie/451218/umfrage/au-tage-aufgrund-psychischer-und-verhaltensstoerungen-nach-geschlecht/

[46] vgl. (Buchenau & Nelting, 2015, S. VIII)

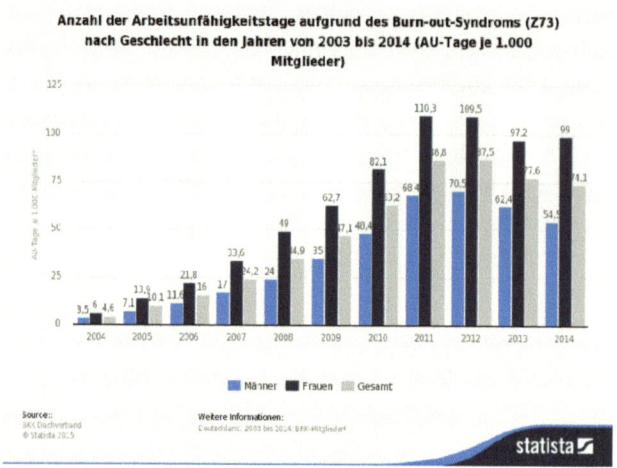

Abbildung 1 – Anzahl der AU-Tage aufgrund des Burn-out-Syndroms[47]

Eine Metastudie der Medizinischen Hochschule Hannover aus dem Jahr 2010, bei der insgesamt 25 Burnout-Studien analysiert wurden, verdeutlicht den Erfolg von Burnout-Interventionen. In 21 Studien (84 %) kam es zu einem Rückgang von Burnout. 17 Interventionen waren personenzentriert. Von ihnen bewirkten 82 % einen Rückgang von Burnout über bis zu sechs Monate nach der Intervention.[48] Trotz des positiven Werts wird deutlich, dass Burnout keine einmalige Diagnose bleiben muss. Die Rückfallquote der Betroffenen liegt bei 60 %.[49]

Das Coaching eine mögliche personenzentrierte Interventionsform zur Burnout-Prophylaxe darstellt, zeigt die „13. Coaching-Umfrage Deutschland", herausgegeben vom Büro für Coaching und Organisationsberatung. Bei der Frage nach den bedeutendsten Coaching-Themen wird die Burnout-Prophylaxe an 5. Stelle genannt (n = 399, 49 ohne Angabe)[50], während sie in der Studie 2009 / 2010 noch an 4. Stelle stand.[51]

---

[47] (Statista - Das Statistik-Portal), zugriffen am 09.08.2015; URL: http://de.statista.com/statistik/daten/studie/446021/umfrage/arbeitsunfaehigkeitstage-aufgrund-des-burn-out-syndroms-nach-geschlecht/

[48] vgl. (Scherrmann, 2015, S. 172f.)

[49] vgl. (Buchenau & Nelting, 2015, S. VIII)

[50] (Middendorf & Fischer, 2014 / 2015, S. 14)

[51] (Greif, 2013, S. 218)

Die Kosten, die sich aufgrund von Burnout für die Unternehmen bzw. die Volkswirtschaft im Allgemeinen ergeben, lassen sich weniger eindeutig beziffern. Die Gründe dafür sind in den unterschiedlichsten Berechnungsgrundlagen zu vermuten. Für Deutschland gehen die meisten Berichte von jährlichen Kosten in Höhe von 6 – 7 Milliarden Euro aus.[52] Fred Grimm verweist im Kontext einer Unternehmenskultur-Debatte auf eine Studie, die volkswirtschaftliche Schäden aufgrund innerer Kündigung[53] bemisst. Diese belaufen sich auf 100 Milliarden Euro im Jahr.[54] Eine noch höhere Zahl liefert die Fürstenberg-Performance-Studie aus dem Jahr 2010. Sie beziffert die wirtschaftlichen Folgekosten von psychosozialen, familiären und körperlichen Problemen auf 262 Milliarden Euro pro Jahr in Deutschland.[55] Selbst die „konservativ geschätzte" Zahl von 6 Milliarden Euro macht bewusst, dass sich durch (rechtzeitige) Burnout-Interventionen große Einsparpotenziale für deutsche Unternehmen sowie das deutsche Gesundheitssystem ergeben können.

Ein Schweizer Pharmakonzern konnte die Einsparpotenziale einer Burnout-Prävention konkret ermitteln und auf diese Weise auch die Zustimmung zum Projekt der Burnout-Prävention in allen Gremien erreichen: Seit 2006 wird allen Managern des Konzerns ein jährliches Burnout-Screening angeboten, welches das Unternehmen jährlich 50.000 CHF kostet, circa (ca.) 300 € pro Manager. Rechnerisch hat sich diese Burnout-Früherkennung bereits gelohnt, wenn nur ein Top-Manager nicht wegen eines Burnouts zwei Monate krank wird. Die Maßnahme stellt im Rahmen eines attraktiven Gesundheitsmanagements außerdem einen wichtigen Wettbewerbsvorteil im Ringen um die qualifiziertesten Experten dar.[56]

Wie wichtig Prophylaxe und Prävention sind, machen zudem folgende Zahlen deutlich: Zwischen ersten Symptomen und der Diagnose „Burnout" können bis zu 10 Jahre vergehen.[57] Eine lange Zeit, in der der Beschäftigte bereits unter

---

[52] vgl. (Väth, 2011, S. 63)

[53] Bei einer „inneren Kündigung" kündigt der Beschäftige zwar nicht seinen formalen Arbeitsvertrag, allerdings seinen „psychologischen Arbeitsvertrag". Die innere Kündigung drückt sich durch die Verweigerung von Einsatzbereitschaft bzw. Eigeninitiative aus. Der Grundhaltung des Beschäftigten ist distanziert bis resignativ.

[54] vgl. (Tröster, 2013, S. 28)

[55] vgl. (Väth, 2011, S. 64)

[56] (Scharnhorst, 2012, S. 170f.)

[57] Vgl. (Schneider, 2014, S. 102)

Leistungseinbußen leidet – und das obwohl gefährdete Personen sich der Symptome häufig bewusst sind bzw. darauf aufmerksam gemacht werden. Diese Zahlen gehen aus dem aktuellen Hernstein Management Report hervor, in dem 1.079 österreichische und deutsche Führungskräfte zum Thema Burnout und Gesundheit befragt wurden. 26 Prozent der Befragten wurden von ihrem persönlichen Umfeld auf eine mögliche Burnout-Gefahr hingewiesen, 14 Prozent schon mehrfach gewarnt.[58] „16 % der Befragten stellten fest, dass sie an der Grenze ihrer Leistungsfähigkeit arbeiten, 19 % fühlten sich von der Arbeitsmenge überfordert, 24 % klagten über emotionale Erschöpfung (charakteristisches Hauptsymptom eines Burnouts)"[59].

Der Stressreport 2012 der Bundesanstalt für Arbeitsschutz und Arbeitsmedizin liefert interessante Hinweise zu der Fragestellung, in wie weit externe Faktoren der Arbeitsplatzgestaltung Einfluss auf das Stressempfinden der Beschäftigten nehmen. Die Gruppen der Beschäftigten im MINT[60]-Bereich gehört zu den „Spitzenreitern" betreffend externer störender Einflüsse wie Multitasking, Termin- und Leistungsdruck. Gleichzeitig berichten die Beschäftigen jedoch auch von Handlungsspielräumen und sozialer Unterstützung. Stressbedingte gesundheitliche Beschwerden sind in dieser Gruppe am geringsten ausgeprägt.

Die Gruppe der Beschäftigten in Fertigungsberufen gehört in Bezug auf die Stressfaktoren ebenfalls zu den Spitzenreitern. Allerdings werden hier psychovegetative Beschwerden und ein negativer Gesundheitszustand häufiger genannt. Eine Begründung dafür könnte im mangelnden Handlungsspielraum sowie in der geringen sozialen Unterstützung liegen, die von den Angehörigen dieser Berufsgruppe ebenfalls beanstandet wird.[61]

---

[58] vgl. (Hernstein Institut für Management und Leadership der Wirtschaftskammer Wien, 2015); abgerufen am 05.08.2015; URL: http://www.hernstein.at/Institut/Presse/Pressemitteilungen/Burn-out-bei-Fuehrungskraeften/

[59] (Greif, 2013, S. 218)

[60] MINT bezeichnet die Branchen in den Bereichen Mathematik, Informationstechnologie (IT), Naturwissenschaft und Technik. Ihnen gehören typischerweise die Berufsgruppen der Ingenieure, Forscher oder IT-Spezialisten an.

[61] vgl. (Bundesanstalt für Arbeitsschutz und Arbeitsmedizin, 2013, S. 2); abgerufen am 05.08.2015; URL: www.baua.de/dok/3430796

2.4 Burnout-Prävention

Dieses Kapitel soll grundlegende Ansätze der Burnout-Prävention erläutern. Zunächst ist jedoch eine Begriffsabgrenzung der Burnout-Prophylaxe, der Prävention sowie der Intervention erforderlich.

Die Burnout-Prophylaxe umfasst alle Maßnahmen zur Verhütung von Burnout. Sie richtet sich also an gesunde Menschen und enthält typischerweise Maßnahmen zu Themen wie Stressmanagement oder gesunder Lebensführung, insbesondere zu Ernährung, Sport und so weiter (usw.).[62]

In der Burnout-Prävention stehen das frühe Erkennen und Einschreiten-Können im Fokus. Präventionsmaßnahmen richten sich an Beschäftigte, die bereits erste Symptome zeigen. Eine mögliche Maßnahme kann Coaching sein. Aber auch einzelne Elemente der Prophylaxe sowie der Intervention (Therapie) können hier noch zum Tragen kommen. Die Grenzen sind fließend.[63]

Die Intervention beinhaltet alle Schritte, die im Falle eines ausgebrochenen Burnouts unternommen werden, z.b. eine Erholungsphase mit anschließender psychotherapeutische Behandlung oder Maßnahmen im Rahmen eines Betrieblichen Wiedereingliederungsmanagements (BEM).[64]

So komplex die Ursachen psychischer Belastungen sind, so unterschiedlich sind auch die möglichen Anknüpfungspunkte für Prophylaxe, Prävention und Intervention. Sie können sich jeweils auf der Ebene des Individuums, des Teams, des gesamten Unternehmens und auch auf gesellschaftlicher Ebene bewegen.[65] Mit der Intention, diese später in ein Blended-Coaching-Konzept zu übernehmen, sollen im Folgenden Aspekte individueller Prävention betrachtet werden.

Freudenberger hat bereits im Jahr 1974 Methoden der Burnout-Prävention genannt. Mit dem Fokus darauf, welche der Maßnahmen der Betroffene individuell beeinflussen und umsetzen kann, seien genannt:

- Die Klärung eigener Ansprüche und Ziele
- Die Begrenzung der Arbeitsstunden
- Der Austausch mit Kollegen, um eigene Belastungen in Grenzen zu halten

---

[62] vgl. (Scherrmann, 2015, S. 86f.)
[63] vgl. (Scherrmann, 2015, S. 86f.)
[64] vgl. (Scherrmann, 2015, S. 86f.)
[65] vgl. (Scharnhorst, 2012, S. 28)

- Die Steigerung der körperlichen Fitness
- Die Pflege von Kollegialität[66]

Scharnhorst konstatiert, dass die Behandlung eines Burnouts sich auf die zwei Säulen „Erholung und Umdenken" stützt. Dabei ist eine Erholung unabdingbar, um die Phase des Umdenkens zulassen zu können. Einige der von ihr genannten Interventionsmöglichkeiten lassen sich bereits als präventive Maßnahmen einsetzen. Ergänzend zu den von Freudenberger genannten Möglichkeiten, sind dies insbesondere:

- Das Erlernen und Anwenden von Entspannungs- und Achtsamkeitsübungen
- Ein gesunder Lebensstil (ausreichend Schlaf, gesunde Ernährung)
- Das Erkennen eigener Antreiber mit dem Ziel, hieraus seine Einstellungen zu ändern
- Die Verbesserung der eigenen Stressbewältigungskompetenz[67]

Ähnliche Ansätze finden sich in jeder gängigen Burnout-Literatur. Die einzelnen Maßnahmen stehen dabei häufig ohne einen Zusammenhang nebeneinander und erwecken den Eindruck, dass die Umsetzung eines Elements bereits zuverlässig ein Burnout verhindert. Bergner dagegen liefert einen integrierten Präventionsansatz, der in nachfolgender Abbildung dargestellt und anschließend in seinen einzelnen Komponenten erläutert wird.

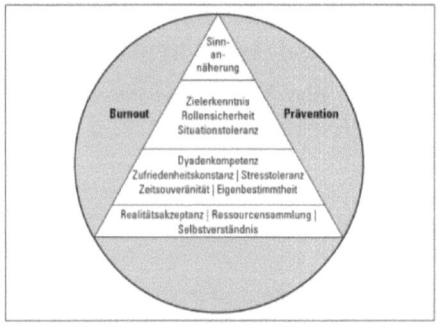

Abbildung 2 - Die 12 zentralen Wege der Burnout-Prävention[68]

---

[66] vgl. (Scharnhorst, 2012, S. 130f.)

[67] vgl. (Scharnhorst, 2012, S. 132)

1. Realitätsakzeptanz: An erster Stelle soll die Frage geklärt werden, in wie weit die Person bereits an einem Burnout leidet.[69]
2. Ressourcensammlung: Statt einer defizitorientierten Sichtweise geht es im zweiten Schritt darum, zu erarbeiten, welche individuellen Ressourcen in den bevorstehenden Prozess eingebracht werden können.[70]
3. Selbstverständnis: Hier wird thematisiert, in wie weit sich die Person bereits nicht mehr vollständig wahrnimmt, Warnsignale des eigenen Körpers übergeht et cetera (etc.)[71]
4. Zeitsouveränität: In dieser Stufe steht der souveräne, also selbstbestimmte, Umgang mit Terminen und Zeit im Fokus. Klassisches Zeitmanagement greift in aller Regel zu kurz, da es die externen Einflüsse nicht berücksichtigt.[72]
5. Eigenbestimmtheit: Burnout-Erkrankte haben häufig den Eindruck, nichts mehr selbst bestimmen zu können, z.B. wegen zu rigider Vorgaben im beruflichen Kontext.[73] Sie stellen ihre eigenen Bedürfnisse für andere Belange schlimmstenfalls solange zurück, bis sie gar nicht mehr erkennen, was eigentlich ihre eigenen Bedürfnisse und was die Bedürfnisse anderer sind.
6. Zufriedenheitskonstanz: Neben einer Reduktion von Stress wird die Erreichung von Zufriedenheit, im Sinne einer Selbsterkenntnis und Ehrlichkeit, angestrebt. Es geht darum, das eigene Selbstbild mit dem Außen in Einklang zu bringen.[74]
7. Stresstoleranz: Stress als individuell empfundenes Phänomen wird erzeugt, wenn Individuen in eine Abwehrhaltung gehen. Der Ausgleich von Antipathie und Sympathie mündet in Stresstoleranz.[75]
8. Dyadenkompetenz: Hier geht es um das Beleben und Zulassen von Beziehungen.[76]

---

[68] (Bergner, 2010, S. 15)

[69] vgl. (Bergner, 2010, S. 14f.)

[70] vgl. (Bergner, 2010, S. 14f.)

[71] vgl. (Bergner, 2010, S. 14f.)

[72] vgl. (Bergner, 2010, S. 14f.)

[73] vgl. (Bergner, 2010, S. 14f.)

[74] vgl. (Bergner, 2010, S. 14f.)

[75] vgl. (Bergner, 2010, S. 14f.)

[76] vgl. (Bergner, 2010, S. 14f.)

9. Situationstoleranz: In der Situationstoleranz wird eine Lösung mit Situationen angestrebt, die die Person nicht verlassen, aber auch nicht aushalten kann.[77] Dieser Punkt kann sinnvollerweise um das Konzept der Resilienz ergänzt werden. Resilienz beschreibt die Fähigkeit, gegenüber äußeren Belastungen oder Krisensituationen widerstandsfähig zu sein bzw. diese ohne eine anhaltende Beeinträchtigung durchzustehen.[78] Die Resilienz-Forschung bezieht sich dabei auf die ressourcenorientierte Therapie und auf die positive Psychologie.[79]
10. Rollensicherheit: Diese Stufe widmet sich der Erkenntnis, welche Rollen man als Person innehaben kann, welchen Rollen gewünscht sind und wie diese ausgefüllt werden können.[80]
11. Zielerkenntnis: In diesem Abschnitt soll die Frage beantwortet werden, welche inneren Ziele wirklich verfolgt werden und wie diese erreicht werden können.[81]
12. Sinnannäherung: Die Erkenntnisse der ersten elf Stufen fließen in die Frage nach dem Sinn des eigenen Lebens ein.[82]

Dieses Konzept erscheint umfassend. Die dargestellten Stufen lassen sich mit verschiedenen individuellen Maßnahmen bearbeiten und in ein Blended-Coaching-Konzept überführen. Ergänzend ist hinzuzufügen, dass nicht für jeden Coachee jede Stufe relevant sein muss. Eine individuelle, an den Stärken des Klienten orientierte Arbeitsweise ist anzustreben.[83]

2.5 Exkurs: Der Einfluss von Organisationen auf Burnout

In einer insgesamt eher stagnierenden Burnout-Forschung wurden bislang auch die Ebene bzw. die Einflussmöglichkeiten der Organisation in Bezug auf Burnout kaum thematisiert.[84] Gleichwohl bieten Organisationen heute bereits häufig eine Vielzahl von Maßnahmen an – meist in Form von Trainings oder Gesund-

---

[77] vgl. (Bergner, 2010, S. 14f.)

[78] vgl. (Scharnhorst, 2012, S. 210)

[79] vgl. (Klein, 2011, S. 358f.)

[80] vgl. (Bergner, 2010, S. 14f.)

[81] vgl. (Bergner, 2010, S. 14f.)

[82] vgl. (Bergner, 2010, S. 14f.)

[83] vgl. (Buchenau & Nelting, 2015, S. IX)

[84] vgl. (Scherrmann, 2015, S. 54f.)

heitstagen – die ihren Beitrag zur Prophylaxe leisten sollen. Primär angesprochene Zielgruppe sind dabei die Beschäftigten, welche für sich nützliche Inhalte in ihren (Arbeits-)Alltag integrieren können. Oft stiften die isoliert geschulten Instrumente (Nutzung von to-do-Listen, Anwendung der Eisenhower-Methode, „Ordnung halten" im E-Mail-Programm usw.) kaum Nutzen, da sie maximal eine punktuelle Entlastung bringen, systemische und organisatorische Elemente jedoch nicht aufgreifen.[85] Es mangelt an einem ganzheitlichen Konzept, welches die Perspektive der Arbeitsplatzgestaltung respektive (resp.) der gesamten Organisationsentwicklung berücksichtigt.

So ein Konzept würde auch die heute oft propagierte Trennung bzw. Ausbalancierung zwischen Berufs- und Privatleben (Work-Life-Balance) überflüssig machen, da der Arbeitsprozess selbst – sofern er angemessen gestaltet ist – sehr geeignet ist, um die menschlichen Bedürfnisse[86] zu befriedigen. In diesem Fall würde der Unterschied zwischen Arbeit und Freizeit verschwimmen und Commitment würde entstehen.[87] Dieses Engagement, welches sich aus dem inneren Antrieb ergibt, ist sicherlich die wichtigste Ressource, die ein Unternehmen bei seinen Beschäftigten aktivieren kann.

Einen strukturierten Überblick über diverse Ansätze der Ressourcenentwicklung liefert Julia Scharnhorst (siehe Abbildung 3). Sie betrachtet die Ebenen der Unternehmensführung, der Organisation, der Führung sowie der Arbeitsgestaltung. Den Ansatzpunkten der einzelnen Ebenen lassen sich wiederum verschiedene Instrumente zuordnen. So finden sich die bereits genannten Trainings auf der Ebene der Organisation unter dem Punkt „Weiterbildung" wieder. Auf der Ebene der Führung würden Maßnahmen wie Mitarbeitergespräche oder Mitarbeiterbefragungen einfließen, welche die Mitarbeiterbeteiligung aber auch die Anerkennung und Rückmeldung zum Ziel haben. Eine breite Palette an denkbaren Maßnahmen bietet die Ebene der Arbeitsgestaltung: Hierunter kann die Ermöglichung von flexiblen Arbeitszeiten, Sabbaticals[88] oder ähnlichen Arbeitszeitmodellen fallen. Die Veränderung von Arbeitsabläufen oder der Arbeitsumge-

---

[85] vgl. (Väth, 2011, S. 103)

[86] An dieser Stelle wird auf die Bedürfnispyramide nach Maslow verwiesen, insbesondere auf die sogenannten „Wachstumsbedürfnisse" wie Anerkennung und Selbstverwirklichung.

[87] vgl. (Tröster, 2013, S. 15)

[88] Ein Sabbatical oder auch Sabbat-Jahr meint ein berufliches „Auszeit-Jahr", welches die Beschäftigten häufig für eine längere Reise, eine persönliche Neuorientierung oder eine Weiterbildung nutzen.

bung (z.B. Home Office) sowie die belastungsarme Gestaltung von Arbeitsplätzen sind wesentliche Erfolgsfaktoren.

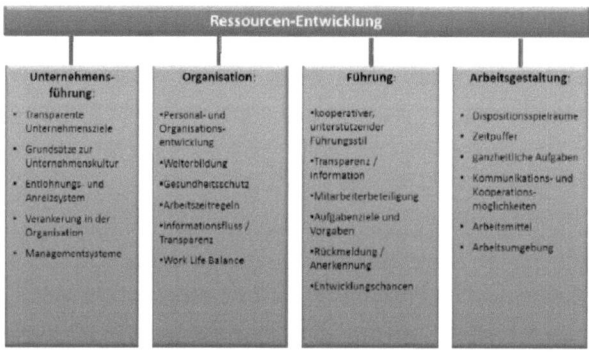

Abbildung 3 - Ansatzpunkte im Unternehmen zum Aufbau von Ressourcen für die Mitarbeiter[89]

Zu den Gestaltungsmerkmalen belastungsarmer Arbeitsplätze gehören die Vollständigkeit der Arbeitsaufgaben, die Anforderungsvielfalt, die Möglichkeit zur sozialen Interaktion, die Autonomie, Lern- und Entwicklungsmöglichkeiten, Zeitelastizität sowie Sinnhaftigkeit. Die konsequente Ausrichtung der Arbeitsplätze nach diesen Gestaltungskriterien birgt für Organisationen einen doppelten Nutzen: einerseits kann ein Beitrag zur Burnout-Prävention geleistet werden, andererseits haben Studien belegt, dass auch Umsatz, Gewinn, Eigenkapitalrentabilität und Wertschöpfung steigen.[90]

2.6 Resümee des Kapitels „Burnout"

Zu Beginn zeigt das Kapitel, dass es selbst nach vier Jahrzenten der Forschung noch keine allgemeingültige Definition sowie Erklärung für die Auslöser von Burnout gibt. Aufgrund der Tatsache, dass jedes Individuum seine eigene Biographie und sein eigenes Muster hat, bleibt die Entwicklung einer allgemeinen Theorie weiterhin unwahrscheinlich.[91]

Nach der Analyse verschiedener Ansätze bzgl. der auslösenden Faktoren von Burnout kann konstatiert werden, dass „in der Regel die innere Eigenreaktion auf die äußeren, stressverursachenden Umstände sowie die individuelle Konsti-

---

[89] (Scharnhorst, 2012, S. 189)

[90] vgl. (Scharnhorst, 2012, S. 176)

[91] vgl. (Burisch, 2014, S. 131)

tution der Person"[92] ausschlaggebend sind. Weiterhin bestätigt der bereits zitierte Stressreport 2012, dass Stressfaktoren nicht immer zu einer erhöhten Belastung der Beschäftigten und damit zu negativen Folgen für die Gesundheit führen. Die Höhe und Kombination der Anforderungen sowie das Ausmaß und Zusammenwirken vorhandener Ressourcen scheinen eine bedeutsame Rolle zu spielen.[93]

Auf dieser Grundlage ergeben sich zwei Punkte, die für die Entwicklung eines Blended-Coaching-Konzepts übertragen werden können:

1. Eine individuelle Analyse zu Beginn des Prozesses ist unentbehrlich. Nur so kann ein stimmiger Präventionsansatz für den Klienten entwickelt werden. Die Anforderung an Individualität lässt sich im Rahmen eines Coaching-Prozesses hervorragend befriedigen.
2. Die Vielfalt und Kombination der für das Individuum stressverursachenden Umstände lässt keine punktuelle Bearbeitung einzelner Situationen zu. Eine Aneignung methodischen Wissens im Sinne eines „Wenn-Dann-Schemas" greift aufgrund sich permanent wandelnder Anforderungen zu kurz. Vielmehr bedarf es einer umfassenden Kompetenzentwicklung, die auch in sich ändernden Situationen Handlungsfähigkeit ermöglicht. Die 12 zentralen Wege der Burnout-Prävention nach Bergner scheinen ein geeigneter Ausgangspunkt für diese Kompetenzentwicklung zu sein.

---

[92] (Buchenau & Nelting, 2015, S. VII)

[93] vgl. (Bundesanstalt für Arbeitsschutz und Arbeitsmedizin, 2013, S. 4); abgerufen am 05.08.2015; URL: www.baua.de/dok/3430796

3. Coaching

„Coaching ist einfach, aber nicht leicht."

Steve de Shazer

3.1 Coaching – Stand der Forschung

Die inzwischen unüberschaubare Auswahl an Publikationen zum Thema Coaching gleicht dem Status der Recherche zum Thema Burnout. Und auch beim Stand der Forschung lassen sich Parallelen zwischen Coaching und Burnout ziehen. Der Begriff Coaching hat sich ähnlich wie der Begriff des Burnouts zu einem Modewort entwickelt, welches in non-wissenschaftlichen Publikationen teils inflationär verwendet wird. Dass Coaching als Instrument der Personalentwicklung boomt, zeigt sich auch anhand des immensen Wachstums der vergangenen fünf Jahre. Es verzeichnete einen Anstieg von 10 % per annum.[94]

Jedoch befindet man sich, insbesondere in Deutschland, nach wie vor in der Definitionsfindung.[95] Hinzu kommt, dass die in Deutschland tätigen Experten dem Coaching (noch) keinen Professionsstatus zuschreiben, wohingegen international bereits von einer „jungen" Profession gesprochen wird, in der sich bereits differenzierte Forschungsfelder entwickeln.[96] Zu einem ähnlichen Fazit kommt Bitsch, der in seinem Buch belegt, dass Coaching sich an der Schwelle zu einem eigenen Wissensgebiet befindet. Die Merkmale hierfür sind die Bildung von konsistenten raum-zeitlichen Problemlösungsclustern, die zunehmende Differenzierung von Methoden und Verfahren, das Anstreben einer externen Legitimation, die Verständigung auf gemeinsame Grundlagen sowie die Abgrenzung zu anderen Wissensgebieten.[97]

Insbesondere das Anstreben einer externen Legitimation führt dazu, dass sich die Gebiete „Qualitätssicherung" sowie „Wirkfaktoren und Wirksamkeit"[98] zu eigenen Forschungsfeldern auf dem jungen Wissenschaftsgebiet Coaching entwickeln. In aktuellen Studien konnte der Erfolg von Coaching bereits nachgewiesen werden. Unklar bleibt dabei jedoch, welche Faktoren genau zu diesem

---

[94] vgl. (von Schumann, 2014, S. 1)

[95] vgl. (Berndt, 2011, S. 144)

[96] vgl. (Berndt, 2011, S. 245)

[97] vgl. (Bitsch, 2013, S. 17f.)

[98] vgl. (Berndt, 2011, S. 245)

Erfolg führen und anhand welcher Qualitätsaspekte sich ein „gutes" von einem „schlechten" Coaching unterscheidet.[99] Durch bereits mehrere empirische Studien abgesichert und damit offenbar belegt, ist die zentrale Bedeutung der Beziehung zwischen Coach und Coachee für den Erfolg von Coaching.[100]

Eine ersten Ansatz zur Erfolgskontrolle auf Basis einer ROI-Berechnung zeigen Phillips und Schirner: Sie zeigen am Beispiel einer international tätigen Hotelkette dass eine finanzielle Bewertung möglich ist. Ermittelt wurde eine Kosten-Nutzen-Beziehung von 321 % Plus, denn jeder Euro, den die Hotelkette in die Coaching-Maßnahme investiert hatte, resultierte in einer Nutzensteigerung von 3,21 €.[101]

Berndt hingegen stellt in den aktuellen Forschungsdesigns mangelnde (erkenntnis)-theoretische sowie fehlende statistische Gütekriterien fest, was er vor allem damit begründet, dass die Autoren dieser Forschungsstudien Coaches, aber keine Forscher sind. Die nicht vorhandenen Ein- und Austrittsbarrieren am Markt, die fehlenden Standards und ethischen Selbstverpflichtungen sowie fehlende Qualitätssicherungsinstrumente sorgen für ein „Scharlataneriproblem"[102], welches sich aufgrund mangelnder Kenntnisse der Personalentwickler in der Praxis bei der Auswahl von Coaches sowie der Durchführung und Begleitung von Coachings fortsetzt.[103]

Eine stärkere Verzahnung der deutschen Coaching-Schulen mit der Wissenschaft ist ein möglicher Ansatz, die angestrebte Legitimation zu fördern. Ein Blick über deutsche Grenzen hinaus zeigt, dass die Forschung auf internationalen Coaching-Konferenzen bereits wesentlich stärker vertreten ist, als dies in Deutschland der Fall ist. Coaching-Ansätze, wie z.B. der Ansatz der Positiven Psychologie oder das Narrative Coaching, werden von Coaches in England und Australien aufgenommen und in bestehende Coaching-Konzepte integriert, während sie hierzulande kaum bekannt sind. Im Ausland hat Coaching-Forschung damit nicht nur eine Legitimations- sondern auch eine Innovationsfunktion.[104]

---

[99] vgl. (Geißler & Wegener, 2015, S. 4)

[100] vgl. (von Schumann, 2014, S. 19f.)

[101] (von Schumann, 2014, S. 20)

[102] (Berndt, 2011, S. 245)

[103] vgl. (Berndt, 2011, S. 245)

[104] vgl. (Greif, 2012, S. 35f.)

3.2 Definition und Formen von Coaching

Aufgrund der im vorangegangenen Kapitel festgestellten Definitionsproblematik soll im Rahmen dieser Arbeit das Coaching als eine personenbezogene Beratungsdienstleistung im betrieblichen Kontext – also als Personalentwicklungsinstrument auf individueller Ebene – abgegrenzt werden. Coaching hat zum Ziel, personelle Kompetenzen und Leistungsfähigkeit im arbeitsweltlichen Kontext zu schaffen, zu erhalten bzw. auszubauen.[105]

Das grundlegende Verständnis von Coaching entspricht dem einer Prozessberatung im Sinne professioneller Hilfe zur Selbsthilfe. Der Coach gestaltet also eine Beziehung zu seinem Klienten, die es diesem ermöglicht, „die in seinem internen und externen Umfeld auftretenden Prozessereignisse wahrzunehmen, zu verstehen und darauf zu reagieren, um die Situation, so wie er sie definiert, zu verbessern[106]". In Abgrenzung zur Psychotherapie wird von „gesunden" Klienten ausgegangen.[107]

Neben diversen thematisch differenzierten Coachings (Führungskräftecoaching, Projektcoaching usw.) ist die Unterscheidung zwischen Einzel- und Gruppencoaching von praktischer Bedeutung. Da Coaching stets mit der Bearbeitung individueller Themen assoziiert wird, ist das Einzelcoaching die am häufigsten verwendete Coaching-Form. Die Frage nach der praktischen Anwendbarkeit von Gruppencoachings sorgt deshalb bei einigen Experten für die These, dass ein Gruppencoaching eher einer Trainingsmaßnahme entspricht, die sich schlimmstenfalls als ein Einzelcoaching unter Zeugen entpuppt.[108] Tatsächlich kann die Grenze zwischen einem (Gruppen-)Coaching und einem Training fließend sein. Insbesondere in qualitativ hochwertigen Verhaltenstrainings (z.B. Stressbewältigungstrainings) werden heute bereits Coaching-Methoden eingesetzt. Stärker als früher orientieren sich die Trainings dabei an den Bedürfnissen der Teilnehmenden, welche zumeist im Rahmen einer Vorab-Befragung evaluiert werden. Gleichzeitig wird in den Trainings mittels Praxisfällen, Rollen- oder Planspielen sehr teilnehmerbezogen gearbeitet. Mit Transfer-Tagen oder Follow-Up-

---

[105] vgl. (Bitsch, 2013, S. 20)
[106] (Geißler & Metz, 2012, S. 13)
[107] vgl. (Bitsch, 2013, S. 20)
[108] vgl. (von Schumann, 2014, S. 5)

Telefonaten, die zum Teil sogar individuell erfolgen, erhalten die Trainings einen prozesshaften Charakter.[109]

Eine weitere Coaching-Variante, die im betrieblichen Kontext bislang allerdings eine untergeordnete Rolle spielt, ist das Selbstcoaching. Hierunter werden Methoden und Vorgehensweisen subsummiert, die dem Coachee helfen, sich ohne fremde Hilfe die Vorteile eines Coachings zu erschließen. Der Nachteil des Selbstcoachings ist, dass es subjektiv bleibt, weil das Feedback des Coaches fehlt. Eine Kompetenzerweiterung ist unter diesem Aspekt nur schwer vorstellbar. Die fehlende „Fremdmeinung" schließt jedoch andererseits eine Manipulation aus. Darüber hinaus steht Selbstcoaching einer breiten Masse zur Verfügung, während von einem klassischen Coaching im betrieblichen Kontext häufig nur die Führungsebene profitiert.[110] Dieser Aspekt macht Selbstcoaching für das Blended-Coaching-Konzept interessant, weshalb der Einfluss von Selbstcoaching im Folgenden näher betrachtet wird.

3.3 Die Bedeutung von Selbstcoaching

Wie im Kapitel 3.2 bereits skizziert, ist im Selbstcoaching das Individuum für seinen eigenen Lernprozess und somit auch für die eigene persönliche Entwicklung verantwortlich. Dabei fördert es die Selbststeuerung[111] und Selbstverantwortung.[112] „Die für das Selbstcoaching bevorzugten Techniken stammen vor allem aus den Themengebieten zur Entspannung, Selbstakzeptanz, Selbstreflexion, Zielformulierung und -erreichung (…)"[113].

An dieser Stelle gibt es also eine enge Verbindung zwischen den Themengebieten des Selbstcoachings sowie möglichen Interventionen einer Burnout-Prävention. Deshalb ist in besonderer Weise darauf zu achten, dass im Rahmen des Selbstcoachings ein „innengeleitetes Selbstmanagement"[114] forciert wird, welches auch den Zielsetzungen der Burnout-Prävention Rechnung trägt. Im

---

[109] vgl. (von Schumann, 2014, S. 6)

[110] vgl. (Rauen, 2005, S. 132f.)

[111] Selbststeuerung meint, „dass der Coachee in der Lage ist, Veränderungsanforderungen selbst zu erkennen und selbst zu realisieren."; vgl. (Meier, 2013, S. 65)

[112] vgl. (Lieser, 2012, S. 42)

[113] (Lippmann, 2013, S. 104)

[114] Riesman hat im Jahr 1950 eine Studie mit dem Titel „The lonely crowd" veröffentlicht, in welcher er belegt, dass der Mensch der Moderne sich in seinem Denken und Handeln von anderen leiten lässt, was zu Charakterschwäche führt., vgl. (Abels, 2008, S. 513)

Zuge der eingangs beschriebenen Individualisierung und gleichzeitig zunehmend komplexer Lebensanforderungen, sind die Menschen aufgerufen, sich von einem fremdbestimmten Selbstmanagement zu lösen. Damit ist Selbstmanagement nicht mehr als das Aufteilen eines Arbeitstages in Aufgaben und Prioritäten definiert, welche von der Außenwelt angestoßen werden, sondern als ein Prozess mit nach vorn ausgerichteten Zielformulierungen, die für das Individuum persönlich relevant sind.[115]

Ein ausschließliches Selbstcoaching ist an dieser Stelle wenig erfolgsversprechend, da die eigenen Wahrnehmungs- und Reflektionsmöglichkeiten zu subjektiv sind[116] und die Gefahr eines „Abrutschens" in fremdbestimmtes Selbstmanagement gegeben ist. Außerdem erfordert Selbstcoaching neben der Kompetenz, selbst Problemlösungen zu entwickeln, auch ein hohes Maß an Eigenmotivation und Selbstdisziplin[117], welche nicht durchgängig gegeben sein müssen und gegebenenfalls (ggf.) einer gewissen Steuerung durch einen Coach bedürfen.

Ein Coaching, welches jedoch „Leitplanken" für ein innengeleitetes Selbstmanagement setzt und diese durch Selbstcoaching-Elemente ergänzt und fördert, kann den Prozess der Burnout-Prävention in besonderer Weise unterstützen.

3.4 Überblick: Coaching Ansätze

Die in Coachings angewendeten Methoden und Tools basieren in aller Regel auf unterschiedlichen Lerntheorien bzw. daraus abgeleiteten Coaching-Ansätzen. Dieses Kapitel gibt einen Überblick über die Coaching-Ansätze, welche für ein Blended-Coaching-Konzept in Frage kommen.

Ausgangspunkt der Überlegungen stellt das Lernparadigma des Konstruktivismus dar. Der Konstruktivismus ist ein „Ausdruck für eine wissenschaftliche Denk- und Erkenntnishaltung, die davon ausgeht, dass Wissen, Erkenntnisse, Vorstellungen und andere Inhalte nicht naturgegeben (objektiv) sind (…)"[118], sondern dass sich jedes Individuum auf Basis verschiedenster Einflüsse und Prozesse Wissen konstruiert. Wissen wird in diesem Zusammenhang als Fähigkeit verstanden, mit unterschiedlichen Situationen umgehen bzw. komplexe Si-

---

[115] vgl. (Hartmuth, 2012, S. 6ff.)

[116] vgl. (Hartmuth, 2012, S. 30)

[117] vgl. (Lieser, 2012, S. 201)

[118] (Meier, 2013, S. 58)

tuationen bewältigen zu können.[119] Dies entspricht auch dem Kompetenzverständnis von Erpenbeck und Rosenstiel, die in diesem Zusammenhang die Selbstorganisation bzw. das Selbstmanagement als „Metakompetenz" bezeichnen, da diese das Individuum auch in schwierigen Situationen handlungsfähig macht.[120]

Eine Weiterentwicklung des Konstruktivismus stellt der Konnektivismus dar, welcher im Rahmen eines Blended-Coaching-Konzepts zunächst interessant erscheint. Die Lerntheorie des Konnektivismus betrachtet das Individuum als vernetztes, lernendes Wesen und möchte so die neuen Medien in den Lernprozess integrieren. Als Methoden des Konnektivismus werden Virtual Classrooms oder Massive Open Online Courses (MOOC)[121] genannt – dabei liegt der Fokus klar auf der Verwendung der Methoden und der Informationsvermittlung.[122] Dies greift im Sinne des Konstruktivismus zu kurz, zumal die Gefahr besteht, dass durch den Einsatz von MOOCs die Anforderungen an erwachsenengemäßes Lernen nicht erfüllt werden, da sie lediglich überfüllte Klassenzimmer in den virtuellen Raum verlagern, das Prinzip einer Erzeugungsdidaktik jedoch bestehen bleibt. Für die im Blended-Coaching-Konzept erforderliche Kompetenzentwicklung kann also im Konnektivismus kein Ansatzpunkt gefunden werden.

Dieser lässt sich hingegen in der Ermöglichungsdidaktik finden, die sich ebenfalls aus dem Konstruktivismus begründet. Die Ermöglichungsdidaktik wurde durch Rolf Arnold geprägt. Sie beschreibt, dass kein Wissen von außen erzeugt werden kann, wenn sich – wie im Konstruktivismus angenommen – jedes Individuum seine eigene Wirklichkeit konstruiert. Die Ermöglichungsdidaktik erfordert auf Seite des Lernenden also die Kompetenzen, sich Wissen selbst zu erschließen. Untrennbar damit verbunden ist auch die Reflektionskompetenz. Aber auch die Rolle des Lehrers verändert sich grundlegend. Seine Aufgabe ist es nicht mehr, Wissen zu vermitteln, sondern vielmehr Gelegenheiten für selbstbestimmten Wissenserwerb zu ermöglichen und geeignete Rahmenbedingungen zu schaffen. Die Ermöglichungsdidaktik ist damit stimmig zum Coaching-Grundgedanken „Hilfe zur Selbsthilfe" und soll für die Umsetzung der im Blended-Coaching-Konzept verwendeten Methoden Berücksichtigung finden.

---

[119] vgl. (Baumgartner & Payr, 1999, S. 110)
[120] (Heppelter & Möller, 2013, S. 138)
[121] MOOCS sind kostenlose Onlinekurse, die Lerninhalte auf Hochschulniveau für eine breite Masse an Teilnehmenden zur Verfügung stellen.
[122] vgl. (Sauter & Sauter, 2013, S. 150f.)

Neben den didaktischen Entwicklungen des Konstruktivismus haben sich auch verschiedene Coaching-Ansätze aus diesem Lernparadigma heraus kristallisiert. Hierzu zählt z.B. der systemisch-orientierte Coaching-Ansatz. Systemische Coaches erfassen das organisatorische System eines Klienten ganzheitlich. Das Verhalten und Erleben des Coachees wird also immer in Abhängigkeit seines jeweiligen Kontextes und auf die darin vorherrschenden Wirkungen und Wechselwirkungen gesehen. Außerdem erfolgt systemisches Coaching ziel-, lösungs- und ressourcenorientiert. Angenommen wird, dass der Coachee die Lösung bereits in sich trägt. Der Coach versucht mittels passender Interventionstechniken dieses implizite Wissen verfügbar und damit anwendbar zu machen.[123] Im klassischen systemischen Verständnis spielt allerdings die Person mit ihren Eigenheiten und ihrer Persönlichkeit keine Rolle. Problematisches Verhalten wird immer als Ergebnis von Kommunikation und Interaktion erklärt. Die ggf. dahinterliegenden Einstellungen, Glaubenssätze, und Wertvorstellungen werden nicht berücksichtigt.[124] Aus der Idee, auch diese handlungsleitenden Einstellungen zu reflektieren, hat sich der Ansatz des systemisch-konstruktivistischen Coachings ergeben.

Neben dem systemisch-konstruktivistischen Coaching-Ansatz sollen im Folgenden der psychodynamische Ansatz, der gesprächstherapeutisch-klientenzentrierte Ansatz, der gestalttherapeutische Ansatz, der transaktionsanalytische Ansatz, das ZRM-Modell sowie die Verhaltenstherapie knapp erläutert werden, da sich Elemente dieser Ansätze ebenfalls für eine Verwendung im Blended-Coaching-Konzept eignen.

Der psychodynamische Ansatz geht auf die Psychoanalyse von Freud zurück und greift im Bereich des Coachings zusätzlich systemische Aspekte auf. Psychodynamische Konzepte sollen die Reflektion sowie das Verstehen von bewussten und unbewussten Wirkungen seelischer Kräfte fördern. Hierfür werden Kommunikationsprozesse, Emotionen und Konflikte im Kontext von Arbeitsabläufen und Organisationsstrukturen analysiert und bearbeitet.[125]

Der gesprächstherapeutisch-klientenzentrierte Ansatz ist in der humanistischen Psychotherapie begründet, die vor allem durch Carl Rogers geprägt wurde. Rogers nimmt an, dass jeder Mensch die Fähigkeit und Tendenz besitzt, sich kon-

---

[123] vgl. (von Schumann, 2014, S. 11ff.)

[124] vgl. (von Schumann, 2014, S. 14)

[125] vgl. (Lippmann, 2013, S. 54)

struktiv, also zum für ihn Positiven hin zu entwickeln und selbstverantwortlich seine Probleme zu lösen – sich also selbst zu erhalten bzw. selbst zu verwirklichen. Werden diese Tendenzen von äußeren Faktoren blockiert, kommt es zu Störungen.

Auch dem gestalttherapeutischen Ansatz liegen konstruktivistische Prinzipien zugrunde. Gestaltpsychologen nehmen an, dass „Menschen aufgrund ihrer inneren Struktur und allgemeiner Ordnungsprinzipien die äußere Welt individuell rekonstruieren[126]." Gestaltorientiertes Coaching nimmt selbstregulatorische Kräfte des Klienten an und versucht diese zu stärken. Hierfür muss die innere und äußere Wirklichkeit ganzheitlich wahrgenommen werden.[127]

Dem transaktionsanalytischen Coaching-Ansatz liegt die Transaktionsanalyse (TA) nach Berne zu Grunde. Diese zieht auf Basis der Interaktion von Individuen Rückschlüsse auf dessen Menschenbild und Grundeinstellungen. Die TA besteht aus einer Persönlichkeitsanalyse (Eltern-Ich, Erwachsenen-Ich, Kind-Ich)[128], einer Kommunikationsanalyse, der Analyse kommunikativer Muster (Ich bin o.k. – Du bist o.k.[129]; Drama-Dreieck[130]), einer Motivationsanalyse, der Analyse von Gefühlen sowie der erlebnisgeschichtlichen Analyse.[131] Im Coaching hilft die TA, Verhaltensmuster des Coachees zu erkennen und aufzubrechen.

Ein spezieller Ansatz zur Burnout-Prävention mittels Coaching wurde mit dem „Zürcher Ressourcen Modell" (ZRM) geschaffen. Es basiert auf Erkenntnissen der Motivationspsychologie und der Hirnforschung. So wird z.B. angenommen, dass unbewusste Bedürfnisse das Denken, Wollen und Handeln eines Individuums stärker steuern als die bewussten Motive. Das Setzen „richtiger" Ziele führt mit sehr großer Wahrscheinlichkeit zu einer Zielerreichung und damit zu einer Selbstwirksamkeitserfahrung des Coachees. Der Coachee trägt die Ressourcen, die er zur Zielerreichung braucht, in sich. Das für die Zielerreichung notwendige Handeln erfolgt durch die Bahnung eines neuen neuronalen Netzes und muss deshalb trainiert werden.[132]

---

[126] vgl. (Lippmann, 2013, S. 64)
[127] vgl. (Lippmann, 2013, S. 66)
[128] vgl. (Hennig & Pelz, 2002, S. 32)
[129] vgl. (Hennig & Pelz, 2002, S. 53)
[130] vgl. (Hennig & Pelz, 2002, S. 58)
[131] vgl. (Hennig & Pelz, 2002, S. 5)
[132] vgl. (Lippmann, 2013, S. 74f.)

Auf das Lernparadigma des Behaviorismus geht die Verhaltenstherapie zurück. Sie spielt im modernen Coaching-Verständnis eine untergeordnete Rolle. Jedoch enthält die Methode der achtsamkeitsbasierten Stressreduktion Elemente der Verhaltenstherapie, weshalb sie an dieser Stelle erwähnt werden soll. In verschiedenen Studien und Metastudien konnte die Wirkung der „mindfulness-based Stress Reduction" (MBSR) nach Jon Kabat-Zinn und der damit verbundene positive Einfluss auf die Burnout-Prävention belegt werden.[133]

3.5 Der Coaching-Prozess

Ein professionelles Coaching folgt einem roten Faden, der auch in komplexen Situationen Orientierung gibt. In der Literatur lassen sich verschiedene Coaching-Prozesse finden. In dieser Arbeit soll exemplarisch der Coaching-Prozess von Christopher Rauen angewendet werden, da dieser im Gegensatz zu anderen Prozess-Darstellungen feiner aufgegliedert ist.

Abbildung 4 - Schritte im Coaching-Prozess[134]

Der Coaching-Prozess startet innerhalb einer Organisation mit der Wahrnehmung des Coaching-Bedarfs und der damit verbundenen Bedarfsermittlung und Auswahl geeigneter Coaches.135 Coaching-Bedarf ergibt sich in der Praxis in aller Regel durch die Ergebnisse von Potenzialanalysen oder durch in Mitarbeiterjahresgesprächen benannte Entwicklungsfelder. Bei der Auswahl von Coaches verlassen sich die Organisationen und Führungskräfte zumeist auf das Fingerspitzengefühl des zuständigen Personalmitarbeiters, der wiederum im Optimalfall langjährige Erfahrung oder eigene Coaching-Kompetenz mitbringt.136 Da die Auswahl dennoch sehr subjektiv sein kann, entwickeln einige Firmen inzwischen Auswahl-Leitfäden mit eigenen Qualitätskriterien. Dem Coachee werden üblicherweise 2 – 3 Coaches vorgestellt, die er in kostenfreien unverbindlichen Gesprächen kennenlernen kann, bevor ein Vertrag zustande kommt. Wie bereits beschrieben, hängt der Coaching-Erfolg maßgeblich vom

---

[133] vgl. (Kabat-Zinn, 2013, S. Vorwort zur 2. Auflage)

[134] Eigene Abbildung in Anlehnung an (Rauen, 2005, S. 275)

[135] vgl. (von Schumann, 2014, S. 7)

[136] vgl. (von Schumann, 2014, S. 7)

„Fit" zwischen Coach und Coachee ab, weshalb dieses Vorgehen trotz eines erhöhten Aufwands wirtschaftlich ist. Neben dem Prüfen einer gemeinsamen Wertebasis werden hier bereits die Erwartungen des Klienten an das Coaching sowie das Vorgehen im Prozess geklärt. Ist die Basis für eine gemeinsame Zusammenarbeit gegeben, wird der formelle Vertrag geschlossen.

Der *Vertrag* – klassischerweise ein Dreiecksvertrag zwischen Coach, Organisation und Klient enthält die zunächst geplanten Coaching-Sitzungen (Anzahl und Dauer), die geplante Gesamtdauer des Coachings, den Durchführungsort, das Honorar sowie die Zahlungsbedingungen, Geheimhaltungsvereinbarungen und Haftungsklauseln.

In einem Erstgespräch, welches auf dem Kennenlerngespräch aufbaut, wird die Ausgangssituation des Klienten geklärt. Außerdem werden die konkreten Ziele für den Coaching-Prozess bestimmt. Die *Klärung der Ausgangssituation* bezieht sich dabei insbesondere auf die Exploration der beruflichen und persönlichen Situation des Klienten sowie das Erarbeiten individueller Stärken und Entwicklungsfelder.[137] Hieraus ergeben sich auch die Ziele, wobei bei der *Zielbestimmung* darauf zu achten ist, Scheinziele und Zielkonflikte zu vermeiden. Eine schriftliche Formulierung konkreter und messbarer Ziele unterstützt die Struktur und das professionelle Arbeiten im Prozessverlauf.[138]

Die Phase der *Interventionen* bündelt alle Vorgehensweisen, die zur Zielerreichung des Klienten beitragen. Interventionen sind so zu wählen, dass sie die Wahlmöglichkeiten des Coachees erweitern. Bei ihm unbekannten Maßnahmen ist es notwendig, dass der Coach zunächst Sinn und Vorgehensweise erläutert, um das Vertrauensverhältnis nicht zu gefährden.

Als Grundlage für die *Evaluation* dienen die eingangs definierten Ziele. Wünschenswert ist eine Transferkontrolle (Outcome-Evaluation) mit zeitlichem Abstand zum abgeschlossenen Coaching-Prozess.[139]

Zum *Abschluss* gehören neben der Ziel-Evaluation auch eine Prozess-Evaluation und eine Input-Output-Evaluation sowie eine schriftliche Dokumentation des Prozesses.

---

[137] vgl. (von Schumann, 2014, S. 9)

[138] vgl. (Hartmuth, 2012, S. 17)

[139] vgl. (von Schumann, 2014, S. 11)

Rauen hat neben einem Modell für den Coaching-Prozess auch wesentliche Qualitätsstandards definiert, die bei der Auswahl und Bewertung von Coaches hilfreich sein können. So ist Coaching stets als ein interaktiver, personenzentrierter Beratungs- und Betreuungsprozess zu verstehen, der eine individuelle Beratung auf Prozessebene ermöglicht. Die Beziehung ist freiwillig gewünscht und basiert auf gegenseitiger Akzeptanz und Vertrauen. Der Coach fördert den Coachee beim Finden eigener Lösungsansätze, bei der Selbstreflektion und Selbstwahrnehmung. Ziel ist stets die Verbesserung der Selbstmanagementfähigkeiten des Klienten. Die hierfür verwendeten Methoden sind transparent und nicht manipulativ. Das Coaching besteht immer aus mehreren Sitzungen, ist jedoch zeitlich begrenzt. Coach und Coachee vereinbaren „Spielregeln" für den Prozess.[140]

Sowohl der Coaching-Prozess als auch die Qualitätsstandards sollen in das Blended-Coaching-Konzept überführt und ggf. um spezifische Elemente ergänzt werden.

3.6 Resümee des Kapitels „Coaching"

Abschließend kann zusammengefasst werden, dass die Coaching-Forschung in Deutschland recht träge ist, wohingegen im Ausland interessante Ansätze entstehen und in Form von Innovationen in Coaching-Prozesse einfließen. Als ein Element des Blended-Coaching-Konzepts soll das „Narrative Coaching" einfließen.

Die Analyse der verschiedenen Coaching-Formen zeigt auf, dass ein Einzelcoaching das Mittel der Wahl ist. Im Blended Coaching-Konzept soll es um Selbstcoaching-Anteile ergänzt werden. Die Form des Gruppencoachings soll aus den im Kapitel 2.2 genannten Gründen keine weitere Beachtung finden.

Die aufgezeigten Coaching-Ansätze bieten verschiedene interessante Interventionsmöglichkeiten für die Burnout-Prävention. So kann festgehalten werden, dass das Beherrschen und Nutzen verschiedener Ansätze ein Qualitäts- und Auswahlkriterium für Coaches sein kann. Unabhängig der verschiedenen Coaching-Ansätze sollen die für das Blended Coaching-Konzept in Frage kommenden Methoden den Grundsätzen der Ermöglichungsdidaktik entsprechen.

---

[140] vgl. (Rauen, Coaching (2. Auflage), 2008, S. 3ff.)

4. Vom Coaching zum E-Coaching und Blended-Coaching

„Handle stets so, dass die Anzahl der Wahlmöglichkeiten größer wird!"
Heinz von Förster

4.1 Formen und Arten von E-Coaching

Im Rahmen des E-Coachings wird die Kommunikation auf verschiedene Internetanwendungen verlagert, wobei für die Kommunikation via Web einige Spezifika zu berücksichtigen sind, die sich auf E-Coaching auswirken. Zunächst wird die Kommunikation – je nach Art der Webkommunikation – um einige Kanäle reduziert, das heißt (d.h.) der Austausch von Sinnesmodalitäten ist eingeschränkt. Dies gilt insbesondere für den textbasierten Austausch. Die Kanalreduktion kann verschiedene Vor- und Nachteile mit sich bringen. Darüber hinaus können Personenmerkmale wie Gestik, Mimik oder das komplette äußere Erscheinungsbild der beteiligten Personen nicht in das Coaching einbezogen werden. Auch dies birgt Chancen und Risiken im Prozess. Letztlich funktioniert die Art der sozialen Informationsverarbeitung im Web anders; so können z.b. Emotionen über Emoticons[141] dargestellt werden. Insgesamt kann die Arbeit über das Web die Vorteile der Mündlichkeit (schnelles Feedback, Partizipation am Diskussionsprozess) und der Schriftlichkeit (größere Reichweite) kombinieren. Das Gelingen des Coaching-Prozesses hängt dabei jedoch stärker als im Face to Face (F2F)-Coaching von den Fähigkeiten und Fertigkeiten der Benutzer ab.[142]

Ausgehend von einem Präsenzcoaching, also einer F2F-Situation als Kommunikationsgrundform, „bei der alle Sinnesmodalitäten (...) aktiviert, beteiligt und kopräsent sind"[143], sollen in diesem Kapitel zunächst die verschiedenen Formen des E-Coachings erläutert werden, um hieraus anschließend die Voraussetzungen für ein erfolgreiches Blended-Coaching-Konzept abzuleiten. Die folgende Tabelle zeigt hierfür die verschiedenen Kommunikationsformen und -arten des E-Coachings auf. Ergänzt werden diese um Beispiele für anreichernde Medien, die basierend auf dem in Kapitel 3.4 erläuterten konstruktivistischen Coaching-Verständnis, als bedeutungsgenerative Projektionsflächen zu verstehen sind,

---

[141] Emoticon ist ein Kunstwort, welches sich aus „Emotion" und „Icon" (also Symbol) zusammensetzt. Emoticons sind Strichcodes oder Grafiken, die Stimmungs- bzw. Gefühlszustände in der digitalen schriftlichen Kommunikation ausdrücken.

[142] vgl. (Lippmann, 2013, S. 399)

[143] (Lippmann, 2013, S. 396f.)

welche die Realitätsvorstellungen, Einstellungen und Überzeugungen des Subjekts widerspiegeln sollen.[144]

	Grundform: Face-to-Face	(Internet)-Telefonie	Videochat	Online-Spiele	Chat/Blogs/Mails
Komm.-form	synchron bzw. quasi-synchron[145]				asynchron[146]
Art der Basiskommunikation	F2F; Akteure sind zur selben Zeit am selben Ort und kommunizieren verbal, nonverbal und paraverbal[147]	Fernmündlich; Akteure befinden sich zur selben Zeit an unterschiedlichen Orten, ausschließlich verbale & paraverbale Kommunikation	Videokommunikation; Akteure befinden sich zur selben Zeit an unterschiedlichen Orten; Kommunikation verbal, non-verbal und paraverbal möglich	Avatarbasierte Kommunikation; Akteure befinden sich zur selben Zeit an unterschiedlichen Orten	webbasiert-textlich, Akteure agieren zeit- und ortsunabhängig
Anreicherung der Basiskommunikation	Anreicherung um materielle (z.B. Figuren,) & immaterielle Medien (Rollenspiele)[148]	Nicht möglich	Möglich, z.B. über Rollenspiele oder die Nutzung von Whiteboards zum Zeichnen	interaktive Rollenspiele, z.B. auch durch die Nutzung virtueller Aufstellungsarbeit[149]	Nicht möglich

---

[144] vgl. (Geißler, 2014, S. 135f.)

Beispiel aus der Praxis	Klassisches Coaching	Telefon-Seelsorge Initiative „Notruf Burnout" in der Schweiz [150]	Coaching via Skype	Coaching via Second Life[151]	z.B. „angeleitetes Selbstcoaching" – im Gesundheitsbereich durch Krankenkassen angeboten[152]

Tabelle 1 – Übersicht der Kommunikationsformen und -arten des E-Coachings[145]

Das E-Coaching bietet gegenüber dem F2F-Coaching gegenüber einige Vorteile. Allen voran ist die örtliche und zeitliche Flexibilität zu nennen. So bietet E-Coaching durch den Wegfall von Anfahrtswegen sowohl ökonomische, als auch ökologische Anreize. Aufgrund dieser Flexibilität kann Coaching auch realisiert werden, wenn Coach bzw. Coachee im Ausland sitzen, was insbesondere im Kontext interkultureller Coachings für Expatriates hilfreich ist. Auch ist die zeitliche Flexibilität von Vorteil, wenn es einer dringenden Intervention bedarf.

Darüber hinaus ermöglicht E-Coaching dem Coachee neue Reflektionsmöglichkeiten. Dadurch, dass der Coachee den Intensitätsgrad, die Dauer und Häufigkeit von Coachings in Abstimmung mit dem Coach flexibler gestalten kann, ist er auch eher in der Lage, auf Interventionen des Coaches nicht sofort reagieren zu müssen. Vor allem das Erfordernis des Schreibens bei asynchroner Kommunikation hilft dem Coachee, sein Anliegen zu strukturieren und es in eine für ihn passende Form zu bringen.[146] Die durch das schriftliche Beschreiben erzeugte Distanz unterstützt zeitgleich seine Selbstreflektion.[147]

Mails, Chats oder „Hausaufgaben" des Coaches können abgelegt sowie archiviert werden und somit auch regelmäßig wieder abgerufen werden, wenn Bedarf besteht. Die Dokumentation ist ebenso dann von Vorteil, wenn zum Abschluss des Prozesses Coach und Coachee die Entwicklungsschritte noch einmal Revue passieren lassen.

---

[145] eigene Darstellung

[146] vgl. (Geißler & Metz, 2012, S. 71f.)

[147] vgl. (Geißler & Metz, 2012, S. 56f.)

Reines E-Coaching ist darüber hinaus anonymer, was zum einen die Hemmschwelle für Ratsuchende senken kann, zum anderen auch eine vorurteilsfreiere Kommunikation ermöglicht.[148] Durch die Kanalreduktion bestimmt der Coachee, wie viel er preisgeben möchte und welche Emotionen er übermitteln möchte.[149] Die Distanz schafft damit paradoxerweise gleichzeitig eine „emotionale Öffnung", insbesondere bei schmerzhaften oder schambesetzten Themen.[150] Letztlich ist im Gegensatz zum klassischen Coaching eine parametrisierende und zielfokussierende Planung leichter möglich, da die Gefahr des Verharrens im kognitiven Raum hier weniger gegeben ist.[151]

Je nach gewählter E-Coaching-Art sind zugleich einige Nachteile nicht auszuschließen. Die Anonymität von E-Coachings kann zu einer verringerten sozialen Bindung führen, die sich z.b. in kurzfristigen Absagen äußert. Es besteht außerdem die Gefahr, dass der Coachee sich während der Sitzung mit anderen Dingen beschäftigt.[152] Auch ist der Vertrauensaufbau zwischen Coach und Coachee bei einem reinen E-Coaching erschwert.[153]

Das methodische Repertoire, also die Nutzung materieller und immaterieller Coaching-Materialien, ist eingeschränkt. Hier gibt es bereits zukunftsweisende Ansätze, wie z.B. die interaktive 3D-Software LPScocoon®, mit welcher virtuelle Aufstellungsarbeit erfolgen kann. Der deutsche Coaching-Markt reagiert jedoch noch zögerlich.[154] Die Nutzung von Avataren, z.B. über die virtuelle Welt „Second Life", ist eine weitere Möglichkeit das eingeschränkte Methodenrepertoire aufzubrechen, jedoch müssen sich die Beteiligten des Coaching-Prozesses hier dessen bewusst sein, dass alle körpergebundenen Signale im Gegensatz zum realen Leben bewusst gesendet werden müssen.[155] Das Ziehen von Rückschlüssen aus nonverbaler Kommunikation ist somit nicht möglich.

Das webbasiert-textliche Coaching stellt höhere Anforderungen an das schriftliche Ausdrucksvermögen seitens Coach und Coachee. Darüber hinaus kann das

---

[148] vgl. (Lippmann, 2013, S. 402f.)

[149] vgl. (Geißler & Metz, 2012, S. 71f.)

[150] vgl. (Geißler & Metz, 2012, S. 72f.)

[151] vgl. (Hartmuth, 2012, S. 70)

[152] vgl. (Geißler & Metz, 2012, S. 21ff.)

[153] vgl. (Lippmann, 2013, S. 403)

[154] vgl. (Geißler & Metz, 2012, S. 120)

[155] vgl. (Geißler & Metz, 2012, S. 127)

längere Warten auf Antwort von beiden Seiten als unangenehm empfunden werden. Letztlich ist der Aspekt von Datenschutz und Datensicherheit nicht zu vernachlässigen.[156] Insbesondere bei kostenfrei nutzbaren Online-Tools, wie z.b. Skype oder Facebook, müssen sich beide Seiten dem potentiellen Risiko des „Daten-Mitschnitts" bewusst sein.

4.2 E-Coaching in Zahlen

E-Coaching wird in verschiedenen Quellen als Wachstumsmarkt beschrieben. Die Marburger Coaching-Studie evaluiert deshalb unter anderem (u.a.) auch den Nutzungsgrad neuer Medien im Coaching. Das Ergebnis der 3. Coaching-Studie aus dem Jahr 2013, zeigt auf, dass Telefon-Coaching die höchste Nutzungsintensität aufweist, wohingegen das Coaching via Webcam oder textbasiertes Coaching kaum eingesetzt wird.

Nutzen Sie Coaching mit neuen Medien?									
n=704 (Coachs rot); n=66 (Kunden grün)	sehr oft		oft		gelegentlich		selten		nie
Telefon-Coaching	5,4%	0,0%	13,5%	12,7%	37,7%	32,7%	22,9%	21,8%	20,5%	32,7%
Webcam Coaching	1,7%	0,0%	3,6%	7,3%	15,5%	10,9%	16,0%	14,5%	63,1%	67,3%
Textbasiertes Coaching (z.B. Email)	1,7%	0,0%	5,2%	3,6%	17,6%	9,1%	23,3%	16,4%	52,2%	70,9%
High Definition Video Coaching	0,7%	0,0%	2,1%	0,0%	2,9%	5,5%	5,7%	7,3%	88,6%	83,4%

Abbildung 5 - Nutzung neuer Medien im Coaching[157]

Anders sieht es im englischsprachigen Raum aus. Die 7. Sherpa Coaching Survey hat ergeben, dass nur noch 41 % aller Coachings klassisch, also Face-to-Face, durchgeführt werden. In 31 % der Fälle kommt bereits Telefoncoaching zum Einsatz, 14 % der Coachings finden via Webcam, z.B. über Skype, statt. 11 % der Coachings nutzen eine webbasiert-textliche Form, z.B. E-Mail.[158]

Diese Zahlen belegen, dass E-Coaching zwar auf dem Vormarsch ist, jedoch bleibt es in Reinform in der deutlichen Minderzahl. Gebräuchlich ist die Kombination aus F2F- und virtuellen Elementen. E-Coaching wird also als sinnvolle Ergänzung zu klassischem Coaching verstanden.[159]

---

[156] vgl. (Lippmann, 2013, S. 403)
[157] (Deutscher Bundesverband Coaching e.V., 2013), URL: http://www.coachcommunity.de/networks/files/download.162286%E2%80%8E, abgerufen am 21.08.2015
[158] (Geißler, 2014, S. 141)
[159] (Lippmann, 2013, S. 404)

Wenn E-Coaching lediglich als Element im Rahmen eines Blended-Coaching-Konzepts verwendet wird, stellt sich die Frage, wie schwer der Vorteil ökonomischer Effizienz noch wiegt. Geißler hat dies für sein Instrument „Virtual Transfer Coaching"[160] (VTC) ermittelt. Er stellt einen Kostenvergleich für die Weiterbildungsmaßnahme mit und ohne VTC an, welcher nachfolgend abgebildet ist.

Beispielrechnung: Kostenvergleich – Veranstaltung ohne VTC und mit VTC		
	ohne VTC	mit VTC
Seminardauer je Stufe	5 Tage	3 Tage
Zeitaufwand für Coaching je Stufe	Keiner	1,5 Stunden je TN (gesamt 24 Stunden netto)
Seminardauer gesamt (= Ausfallzeit je TN)	20 Tage	12 Tage
Ausfallzeiten gesamt (bei 16 TN)	320 Tage (20 Tage x 16 TN)	192 Tage (12 Tage x 16 TN)
Trainereinsatztage (gesamt)	20 Tage (nur Präsenzveranstaltung)	24 Tage (12 Tage Präsenzveranstaltung + 4 x 1,5 Stunden Coaching je TN)
Kosten für TN-Ausfallzeiten (Basis: 8 Stundentag und 80 € je Stunde)	204.800 €	122.880 €
Trainerkosten (Basis: 8 Stundentag bei einem Stundensatz von 150 €)	24.000 €	28.800 €
GESAMTKOSTEN	228.800 €	151.680 €

Abbildung 6 - Kostenvergleich einer Veranstaltung ohne und mit VTC[161]

Die Berechnung zeigt, dass der Hebel der Kosteneinsparung in der Seminardauer je Stufe liegt. Durch die Verringerung der Seminardauer verringern sich in Folge auch die Kosten für die Ausfallzeiten der Teilnehmenden, welches dann im Wesentlichen das Einsparpotenzial darstellt.

4.3 E-Coaching: Stand der Forschung

Dass sich durch virtuelles Coaching die notwendige Seminardauer verringert, konnte auch Krcmar in einer empirischen Studie zur Effektivität von virtuellem Coaching im Bereich des Projektcoachings belegen. In zwei Vergleichsgruppen maß er die Anzahl benötigter Präsenztermine: einmal mit dem Einsatz von Web-Elementen, einmal ohne. Er konnte belegen, dass die erforderlichen Präsenztermine signifikant zurückgingen, wenn zusätzlich virtuelles Coaching verwendet wurde. Die Coaching-Akteure gaben weiterhin an, die Verwendung der privaten Projekträume in der virtuellen Arbeitsumgebung hinsichtlich ihrer Eignung zur

---

[160] Ziel ist VTC ist der effektive und nachhaltige Transfer von in Präsenzseminaren erworbener Verhaltenskompetenz. vgl. (Ebel & Thiele, 2012, S. 200)

[161] (Geißler & Metz, 2012, S. 171)

Kommunikation, Abstimmung und Zusammenarbeit in den jeweiligen Phasen des Coaching-Prozesses durchweg positiv empfunden zu haben.[162]

Böning und Kegel haben des Weiteren verschiedene Coaching-Studien ausgewertet, die aufzeigen, dass im Bereich des Gesundheitscoachings (u.a. auch zu Stressmanagement-Themen) bereits verstärkt auf virtuelle Coaching-Kanäle (z.b. via Telefon, E-Mail und über das Internet) zurückgegriffen wird. Allerdings sind die Interventionen von einer stark unterschiedlichen Qualität (von eindeutig direkten Anweisungen bis hin zu Interventionen mit Reflektionsanteilen, Zielklärungen und Ressourcenaktivierungen). Die verschiedenen Interventionen stehen dabei ungewichtet und scheinbar gleichbedeutend nebeneinander.[163]

Die Entwicklung von Präsenzcoaching hin zu E-Coaching ist vergleichbar mit den Entwicklungen im Trainingsbereich. Hier hatte sich aus der anfänglichen Euphorie für E-Learning und einer starren „Entweder-Oder-Haltung" die Form des Blended Learnings entwickelt. Präsenz- und virtuelle Einheiten werden heute themen- und anlassbezogen kombiniert. Hierzu zählt außerdem die Erkenntnis, dass es nicht ausreicht, einen virtuellen Lernraum zu schaffen, in dem die gleichen didaktischen Methoden Anwendung finden, wie in einem normalen Klassenraum.[164] Vielmehr müssen die didaktischen Konzepte dem gewählten Lernraum sowie dem Anwender gerecht werden.

Dafür gibt es heute noch zu wenig alternative Übungen bzw. Methoden für den schriftlichen Austausch. Bereits verwendete Methoden wurden noch nicht hinsichtlich ihrer Wirksamkeit untersucht. Lippmann regt an, Inputs aus den Bereichen E-Learning und psychologischer Online-Beratung verstärkt in das E-Coaching einfließen zu lassen.[165]

4.4 Anforderungen an einen Blended-Coaching-Prozess

Aus den vorangegangenen Erkenntnissen lässt sich ableiten, dass ein E-Coaching in Reinform (noch) nicht praktikabel ist. Vielmehr scheint eine Verknüpfung aus klassischen F2F-Elementen und virtuellen Elementen vielversprechend für den Coaching-Erfolg zu sein. Wie muss nun Blended-Coaching ge-

---

[162] vgl. (Hartmuth, 2012, S. 21f.)
[163] vgl. (Böning & Kegel, 2015, S. 113f.)
[164] vgl. (Hartmuth, 2012, S. 49)
[165] vgl. (Lippmann, 2013, S. 404f.)

staltet sein, damit die gesetzten Kompetenzentwicklungsziele erreicht werden können?

Zum einen ist aus dem E-Learning bekannt, dass es nicht genügt, Klassenraumszenarien in eine virtuelle Umgebung zu überführen. Dies widerspricht zugleich dem konstruktivistischen Lernverständnis. Um einer „Konsumhaltung" des Lernenden vorzubeugen, ist sicherzustellen, dass der Lerninhalt für ihn persönlich bedeutsam ist und an seinen Erfahrungen, seinem Wissensstand bzw. seiner „Lebensrealität"[166] anknüpft.[167] Der Lernprozess wird deshalb im Optimalfall situations- bzw. handlungsorientiert gestaltet. „Das Lösen von Problemen im täglich neuen Einflüssen unterliegenden Berufsumfeld"[168] ist gleichzeitig das beste Lernszenario; denn Wissenserwerb vollzieht sich am ehesten dann, wenn der Lernende sich mit einer zu lösenden Aufgabe auseinandersetzt, welche mit einer konkreten Situation verknüpft ist.[169]

Gleichzeitig sind die Methoden flexibel an die Inhalte des Coachings anzuknüpfen, welche wiederum von den konkreten Bedürfnissen des Coachees abhängen.[170] Dies lässt sich ggf. am ehesten realisieren, wenn der Coachee sich aus einem größeren Portfolio von Angeboten die inhaltlichen Schwerpunkte auswählen kann, welche für ihn persönlich relevant erscheinen. Gleichermaßen sollte er die Möglichkeit haben, die dafür zur Verfügung stehenden Methoden und Materialien auf Basis seiner persönlichen Präferenzen und Ressourcen zu wählen.[171] Nur dann hat er auch die Option, die Dynamik, das Tempo sowie die Intensität der Anwendung in Bezug auf die gewählten Instrumente selbst bestimmen zu können.[172]

Der Kritik, dass virtuelles Coaching nur ein eingeschränktes methodisches Repertoire hierfür bietet, ist die folgende tabellarische Übersicht von Geißler entgegenzusetzen. Er hat die vielfältigen Möglichkeiten der methodischen Gestaltung eines Blended-Coachings in textliche, auditive, statisch visuelle und dyna-

---

[166] (Hartmuth, 2012, S. 74)

[167] vgl. (Hartmuth, 2012, S. 51)

[168] (Hartmuth, 2012, S. 87)

[169] vgl. (Hartmuth, 2012, S. 88)

[170] vgl. (Hartmuth, 2012, S. 60)

[171] vgl. (Hartmuth, 2012, S. 60)

[172] vgl. (Hartmuth, 2012, S. 60)

mische visuelle Medien untergliedert, die sich jeweils nach ihrer Strukturiertheit und Interaktivität unterscheiden.

Diese Tabelle zeigt auf, dass sich für die unterschiedlichsten Coaching-Themen und individuellen Bedürfnisse des Coachees durchaus eine Vielfalt an möglichen Interventionsformen finden lassen.

	Textliche Medien	Auditive Medien	Statische visuelle Medien	Dynamische visuelle Medien
Didaktisch vorstrukturierte nichtinteraktive Medien	Über Internet oder per Mail vermittelte Textdokumente	Über Internet, Telefon oder per Mail vermittelte Audiodokumente	Über Internet oder per Mail vermittelte Visualisierungen / Bilder	Über Internet zugängliche oder per Mail vermittelte Videos
Didaktisch offene interaktive Medien	Asynchrone oder synchrone Erstellung von Texten	Erstellung von Audioaufnahmen	Erstellen von digitalen Fotos Erstellung von digitalen Visualisierungen, Zeichnungen	Erstellung von Videoaufnahmen
Didaktisch vorstrukturierte interaktive Medien	Vorgegebene Coaching-Fragen, deren schriftliche Beantwortung auch der Coach lesen kann Coaching- oder Testfragen mit vorgegebenen Antwortmöglichkeiten ohne automatisiertes Feedback Coaching- oder Testfragen mit vorgegebenen Antwortmöglichkeiten und automatisiertem Feedback		Nutzung vorgegebener digitaler Fotos oder Visualisierungen Modifizierung vorgegebener digitaler Visualisierungen	Gestaltungsfähige virtuelle Welten ohne Avatare Avatare in gestaltungsfähigen virtuellen Welten

Tabelle 2 - "Bausteine" für elektronische Coaching-Tools[173]

---

[173] (Geißler, 2014, S. 146)

Sofern im Rahmen der Intervention Software eingesetzt wird, sollte diese ebenfalls hochflexibel gestaltet sein. Eine Ausstattung mit Frage-Antwort-Vorgaben kann zu vordergründig schnell problemlösenden Aussagen führen. Bestenfalls wird Software dann eingesetzt, wenn es darum geht, die Reflektion des Coachees zu fördern oder Eingangsparameter im Sinne eines Selbst-Auditings zu sammeln.[174]

4.5 Resümee des Kapitels – Relevanz für das Konzept

Die Erkenntnis dieses Kapitels ist vor allem, dass die zur Verfügung stehenden Methoden eines E-Coachings heute nicht oder nur unzureichend genutzt werden. Die andauernde Debatte darüber, wie der Einsatz von Medien im Coaching zu verstehen ist, mag eine Erklärung hierfür sein.[175]

Eine weitere mögliche Erklärung ist eine unzureichende Medienkompetenz auf Seiten der Coaches und Coachees. Für das Blended Coaching-Konzept ist dieses insofern zu berücksichtigen, als das dieses Element zum einen ein Auswahlkriterium für Coaches sein kann, zum anderen muss aber auch der Coachee mit dem Umgang neuer Medien vertraut sein. Bringt der Coachee bis dato keine ausreichende Medienkompetenz mit, muss dem eigentlichen Coaching-Prozess eine Kompetenzentwicklung in diesem Feld vorgeschaltet werden.

Für die Auswahl von Interventionen, die in gemeinsamer Abstimmung zwischen Coach, Coachee und ggf. der PE erfolgen, bietet sich eine Art „Baukastenprinzip" an, welches so auch im Blended-Coaching-Konzept umgesetzt werden soll.

---

[174] vgl. (Hartmuth, 2012, S. 41)

[175] (Geißler, Traditionelle und moderne Medien im Coaching, 2014, S. 138ff.)

5. Beteiligte Rollen im Blended Coaching

„Zu größerer Klarheit über seine Gedanken gelangt man,

indem man sie anderen klar zu machen sucht."

Joseph Unger

5.1 Die Rolle des Coaches

An den Coach, der einen (Blended) Coaching Prozess begleitet, werden vielerlei Anforderungen gestellt. Insbesondere da die Berufsbezeichnung des Coaches nicht geschützt ist, sind eine Auswahl und ein Vergleich mehrerer Coaches anhand definierter Qualitätskriterien in der Praxis erfolgskritisch.

Zunächst sollte der Coach über eine adäquate Ausbildung verfügen. Dies kann ein Hochschulabschluss in Psychologie, Erwachsenenbildung oder einem themenverwandten Gebiet, idealerweise in Kombination mit einer zertifizierten, anerkannten Coaching-Ausbildung sein. Hier ist, wie in Kapitel 3.4 aufgezeigt, ein breites Repertoire verschiedener Coaching-Ansätze förderlich.

Neben psychologischen Kenntnissen bringt der Coach auch betriebswirtschaftliche Kenntnisse sowie praktische Erfahrungen in Bezug auf das Coaching-Anliegen mit. Für die vorliegende Arbeit bedeutet dies, dass der Coach umfangreiche Kenntnisse über Burnout im Allgemeinen vorweisen sollte, speziell sind ein diagnostisches Wissen sowie Methoden und Tools zur Prophylaxe und Prävention von Vorteil. Auch Kenntnisse über den Umgang mit Burnout in verschiedenen Kulturen können nützlich sein, wenn der Coachee bzw. dessen Unternehmen international agiert.

Darüber hinaus sollte der Coach gendersensibel sein und stets eine unabhängige Position gegenüber seinem Coachee einnehmen. Die Mitgliedschaft in einem anerkannten Coaching-Verband, ein gewisses Mindestalter, einschlägige Berufs- bzw. Führungserfahrung, die Bereitschaft sich selbst regelmäßig weiterzubilden, die Veröffentlichung eigener Publikationen sowie ein seriöser Internetauftritt können weitere mögliche Auswahlkriterien sein.

Obgleich der Beruf des Coaches nicht geschützt ist, so ist die Anwendung berufsethnischer und juristischer Richtlinien ebenso selbstverständlich wie die Wahrung absoluter Vertraulichkeit. Ein Qualitätskriterium hierfür kann z.B. ein

Hinweis auf eine neutrale Ombudsstelle sein, die bei Klagen des Coachees angerufen werden kann.[176]

Die genannten Kriterien beziehen sich auf alle Coaches, unabhängig von der Coaching-Form. In Bezug auf E-Coaching bzw. Blended-Coaching sind weitere Kompetenzen seitens des Coaches notwendig:

An erster Stelle und unabhängig vom gewählten E-Coaching- bzw. Blended Coaching Medium ist hier die Medienkompetenz zu nennen. Die Medienkompetenz umfasst dabei zum einen die Fähigkeit, Medien (Computer im Allgemeinen, aber auch Software wie z.b. Skype usw.) bedienen zu können, ihre Chancen und Möglichkeiten (technische Neuerungen) aber auch ihre Risiken (Datensicherheit) anzuerkennen und zu berücksichtigen. Ein weiterer Aspekt der Medienkompetenz ist zugleic, das für das Coaching-Anliegen, die Situation und den Coachee richtige Medium zu verwenden.

Sofern E-Coachings asynchron, also z.B. über E-Mail, stattfinden, benötigt der Coach eine ausgeprägte Affinität zum Lesen und Schreiben.[177] Er muss – z.B. durch geeignete Arbeitsmethoden – sicherstellen können, dass er das Anliegen des Coachees auch „zwischen den Zeilen" ohne Interpretationsspielräume verstanden hat. Gleichermaßen ist eine Schreibkompetenz wichtig, die ihm ermöglicht, seine Interventionen verständlich zu platzieren. Dies kann u.a. darüber erfolgen, dass er sich der Sprache des Klienten anpasst, ohne dabei die eigene Authentizität zu verlieren. Die Tatsachen, dass eine Kanalreduktion vorliegt, dass unmittelbare Rückfragen auf beiden Seiten nicht ohne Weiteres möglich sind und das der Coach nie sicher sein kann, in welcher Situation bzw. Gemütsverfassung der Coachee eine Nachricht von ihm erhält, machen diese Kompetenz unerlässlich.

Aber auch die synchrone Form des E-Coachings, z.B. über Telefon, erfordert spezielle Kompetenzen – in diesem Fall, ein geschultes Ohr. Da alle übrigen Sinneskanäle „abgeschaltet" sind, muss der Coach in besonderem Maße auf Lautstärken, Pausen, Sprechtempo sowie Intonation des Coachees achten und hieraus treffende Schlüsse ziehen können.

Die Föderation Schweizer Psychologinnen und Psychologen (FSP) hat ein Anforderungsprofil für Online-Berater entwickelt, welches sich auch für die Auswahl von Coaches für einen E-Coaching- bzw. Blended-Coaching -Prozess eig-

---

[176] vgl. (Lippmann, 2013, S. 401)

[177] vgl. (Geißler & Metz, 2012, S. 75)

net. Zunächst sind Erfahrungen in der klassischen F2F-Beratung von Nöten, gepaart mit der Fähigkeit, die Eigenheiten der Internet-Kommunikation anzuerkennen und zu berücksichtigen. Hieraus ergibt sich auch die Kompetenz, die Grenzen und Perspektiven eines E-Coachings realistisch einzuschätzen. Die bereits beschriebene Kanalreduktion erfordert die Begabung, sich trotz beschränkter Informationen ein umfassendes Bild des Klienten machen zu können. Er benötigt darüber hinaus das Geschick, verbindliche und vertrauensvolle Beziehungen über virtuelle Medien herzustellen, zu erhalten und abzuschließen.[178]

Weitere Qualitätsstandards für Online-Berater definiert Lippmann: Aufgrund bisher gering vorhandener Forschungsergebnisse sollen E-Coaches mit erhöhter Sorgfalt in Bezug auf ihre Interventionen arbeiten. Sie sollen außerdem bezüglich ihrer Identität, ihrer Kontaktdaten, der angewendeten Maßnahmen zum Datenschutz sowie zur Datenspeicherung und über mögliche Sicherheitsrisiken im E-Coaching absolute Transparenz herstellen.[179]

5.2 Die Rolle des Coachees

Gleichermaßen sind für den Coachee einige Kompetenzen wichtig, die zum Gelingen des Coaching-Prozesses beitragen können.

Zunächst einmal ist es unabdingbar, dass der Coachee einen Veränderungswunsch spürt. Nur so wird das Coaching bzw. das Coaching-Thema für ihn persönlich bedeutsam – eine wesentliche Grundvoraussetzung für erwachsenengemäßes Lernen. Dieser Annahme liegt auch das das Prinzip der Freiwilligkeit[180] zugrunde.

Kommt ein E-Coaching bzw. ein Blended-Coaching zustande, ist die Medienkompetenz, wie bereits im Rahmen der Coach-Anforderungen betrachtet, auch für den Coachee unerlässlich.

Werden im Verlauf des Prozesses auch Selbstcoaching-Elemente eingesetzt, ist ein hohes Maß an Eigenmotivation und Selbstdisziplin[181] seitens des Coachees notwendig, um diese Elemente in zielführender Weise bearbeiten zu können. Dies setzt bereits eine hohe Selbstmanagement-Kompetenz voraus, die sich situativ jedoch auch aus dem Veränderungswillen des Coachees ergeben kann.

---

[178] vgl. (Lippmann, 2013, S. 400)

[179] vgl. (Lippmann, 2013, S. 401)

[180] vgl. (Lieser, 2012, S. 199)

[181] vgl. (Lieser, 2012, S. 201)

Letztlich ist der Coachee faktisch die entscheidende Person bei der finalen Auswahl des Coaches. Deshalb sollte er auch wissen, auf welchen Grundlagen und unter welchen Qualitätskriterien die Coach-Vorauswahl zustande kommt. Eine in diesem Zusammenhang wichtigere Rolle spielt für ihn jedoch das „Bauchgefühl", also die Intuition bei der Wahl „seines" Coaches.

5.3 Die Rolle der Führungskraft

Oftmals ist es die Führungskraft (FK), die an einem Beschäftigten stressbedingte Veränderungen wahrnimmt und deshalb wesentlich am „Anstoßen" eines Veränderungsprozesses sowie an der Burnout-Prävention beteiligt sein kann. So kann die FK beispielsweise Veränderungen im Leistungs- und Sozialverhalten, Veränderungen im Denken oder Fühlen oder Veränderungen im körperlichen Bereich des Mitarbeiters wahrnehmen.[182] Wichtig ist dann, dass die FK den Kontext ihrer Wahrnehmungen hinterfragt: Was ist über die berufliche und private Situation des Beschäftigten bekannt? Wie ist das persönliche Verhältnis zwischen dem Beschäftigten und der FK? Wie kann das Verhältnis zwischen dem Beschäftigten und den Kollegen beschrieben werden? Gibt es Hinweise auf eine stärkere Belastung des Mitarbeiters? Wenn ja, welche? Was passiert, wenn jetzt nichts passiert? Wie / in welchem Rahmen kann die Beobachtung angesprochen werden? Ein bei Auffälligkeiten angezeigtes Gespräch kann ggf. auch unter Einbezug der Personalentwicklung stattfinden, welche mögliche Entwicklungsschritte aufzeigen kann.

Im laufenden Coaching-Prozess selbst kann die FK zusätzlich eine unterstützende Rolle einnehmen. So kann sie aufrichtige Anerkennung für die angestrebte Kompetenzentwicklung des Beschäftigten zeigen, Anliegen des Coachees hinsichtlich einer belastungsarmen Gestaltung von Arbeitsplätzen aufnehmen, Feedback zum Prozess einholen aber zugleich Feedback geben, wenn sie eine Kompetenzentwicklung am Beschäftigten wahrnimmt.

Gleichzeitig kann die Reflektion des eigenen Führungs- und Kommunikationsverhaltens, insbesondere unter Stress, im Rahmen der Vorbild-Funktion zur Burnout-Prävention der Beschäftigten beitragen.

5.4 Die Rolle der Personal- und Organisationsentwicklung

Die Ziele einer modernen Personal- und Organisationsentwicklung sind ähnlich der Ziele eines Coaching-Prozesses: Es geht darum, Mitarbeiter zu fördern und

---

[182] vgl. (Matyssek, 2003, S. 179f.)

Wege zu finden, die Beschäftigten im Einklang mit betrieblichen Interessen entsprechend ihrer persönlichen Neigungen und Kompetenzen einzusetzen.[183] „Moderne Organisationsentwicklung hat die Vorstellung abgelegt, dass Wandel rational planbar, vorherbestimmbar und mittels bestimmter Faktoren eingrenzbar bleibt[184]." Deshalb ist es notwendig, dem Beschäftigten als Individuum Aufmerksamkeit zu schenken und sich am Wohlergehen des Menschen zu orientieren.[185]

Für die Etablierung und Begleitung von Blended Coaching Prozessen haben PE / OE deshalb verschiedenste Aufgaben:

Zunächst sind Strukturen und Prozesse klassischer Weiterbildung auf neue Konzepte, wie z.B. dem des Blended-Coachings, anzupassen. Hierzu gehört auch eine veränderte Planungsstruktur, die zum Teil einen organisatorischen Mehraufwand mit sich bringen kann.[186]

Die PE definiert Qualitätskriterien für die Coach-Auswahl sowie Coaching-Prozesse, die sich an den in Kapitel 5.1 genannten Qualitätsmerkmalen als auch an organisationsinternen Charakteristiken orientieren. Auf Basis dieser Qualitätskriterien stellt sie einen Coach-Pool zusammen, der themen-, standort-, funktions- oder hierarchiebezogene Spezifika berücksichtigt. Dies ermöglicht bei Coaching-Anliegen schnellen Zugriff auf geeignete Coaches.

Darüber hinaus fungiert die PE als Berater für die Führungskraft respektive den potenziellen Coachee. Sie zeigt Alternativen der Kompetenzentwicklung auf und wägt ab, welche Methode auf Basis vorliegender Kompetenzen und Rahmenbedingungen für den Beschäftigten am erfolgversprechendsten ist.

Sie begleitet den Kompetenzentwicklungs-Prozess aus organisationaler Perspektive, d.h. sie kann verschiedene Maßnahmen kombinieren, ergänzen, streichen bzw. ersetzen, wenn sich Änderungen oder Abweichungen im Verlauf ergeben. Dies erfordert eine prozessbegleitende Evaluation, deren Umsetzung ebenfalls in der Verantwortung der PE liegt. Abschließend ergibt sich hieraus die Verpflichtung einer summativen Qualitätssicherung, deren Erkenntnisse in das Portfolio und die Prozesse der PE im Sinne von „lessons learned" einfließen.

---

[183] vgl. (Hartmuth, 2012, S. 32)
[184] (Hartmuth, 2012, S. 37)
[185] vgl. (Hartmuth, 2012, S. 33)
[186] vgl. (Geißler & Metz, 2012, S. 176)

5.5 Resümee des Kapitels „Beteiligte Rollen im Blended Coaching"

Für einen erfolgreichen Coaching-Prozess, der sowohl die Kompetenzentwicklung des Coachees fokussiert und die Interessen der auftraggebenden Organisation berücksichtigt, benötigen die beteiligten Rollen ein deckungsgleiches Verständnis auf verschiedenen Ebenen:

Zunächst sei hier die gemeinschaftliche Einsicht darüber genannt, dass es einer Entwicklungsmaßnahme bedarf. Nur wenn Coachee, FK und Personalentwicklung die Ausgangssituation verstanden haben, können sie gemeinsam die Notwendigkeit einer Intervention vertreten. Das gemeinsame Verständnis der Ausgangssituation ist gleichzeitig für die gemeinsame Zieldefinition erforderlich.

Aus der Zieldefinition ergibt sich im nächsten Schritt die gemeinsame Zusage für ein Coaching als geeignete Interventionsform. Die hierfür benötigten Ressourcen sind einzuschätzen und freizugeben. Hierzu gehören sowohl die benötigten finanziellen Mittel, die geschätzte Dauer bis zur Zielerreichung und die dafür benötigte Zeit, welche die jeweiligen Rollen in den Prozess einbringen. Ein synchronisiertes Verständnis von Coaching, das z.B. den in Kapitel 3.4 genannten Lernparadigmen und Coaching-Ansätzen folgen kann, ist bei der dann folgenden gemeinsamen Auswahl des Coaches unabdingbar.

Letztlich sei das gegenseitige Vertrauen aller am Prozess beteiligten Rollen als Erfolgsfaktor genannt. Nur wenn Coachee, Coach, PE und FK gemeinschaftlich arbeiten und den Coaching-Prozess gemeinsam begleiten, kann ein nachhaltiger Erfolg gewährleistet werden.

6. Konzept: Burnout-Prävention mittels Blended-Coaching

„Selbst eine Reise von Tausend Meilen beginnt mit einem ersten Schritt."

Chinesisches Sprichwort

6.1 Zielsetzung

Die Erkenntnisse der vorangegangen Kapitel sollen nun zu einem Blended-Coaching-Konzept zusammengefasst werden. Hierzu zählen insbesondere eine individuelle Analyse und Diagnostik der Ausgangssituation sowie das Verständnis darüber, dass durch das Blended-Coaching eine ganzheitliche Kompetenzentwicklung angestrebt wird. Deshalb folgt das Konzept den Grundsätzen der Ermöglichungsdidaktik, welches in Form eines Baukastenprinzips realisiert werden soll. Das Baukastenprinzip bezieht sich dabei zum einen auf die Kompetenzentwicklungsfelder des Coaching-Prozesses, zum anderen auf die je Kompetenzentwicklungsfeld wählbare Coaching-Form und –Methodik. Hierfür werden zunächst die einzelnen Schritte des Coaching-Prozesses mit den „12 zentralen Wegen der Burnout-Prävention" nach Bergner verknüpft. Die einzelnen Elemente werden anschließend mit möglichen Interventionen unterlegt, die hinsichtlich ihrer Eignung für virtuelles Coaching beurteilt werden.

Gründe, die heute in Unternehmen häufig noch gegen den Einsatz von Coaching sprechen, wie z.B. ein möglicher Gesichtsverlust des Coachees, die Reduzierung auf eine Defizitorientierung sowie Kostengründe[187], sollen mit diesem Konzept „abgefangen" werden.

6.2 Bedingungen und Voraussetzungen für einen erfolgreichen Blended-Coaching-Prozess

Eine unabdingbare Voraussetzung für den Blended Coaching-Prozess ist, dass der Coachee noch nicht an einem Burnout leidet. Der Fokus dieses Konzepts liegt bewusst auf der Prävention. In Unterscheidung zu einem Stressmanagementcoaching geht es inhaltlich spezieller um eine drohende künftige Überforderung durch Stress sowie erste Anzeichen emotionaler Erschöpfung.[188] Jedoch ist Coaching kein Heilberuf, es grenzt sich klar von der Psychotherapie ab, in dem die Behandlung psychischer Störungen ausdrücklich ausgeschlossen wird.

---

[187] vgl. (Geißler & Metz, 2012, S. 335)

[188] vgl. (Greif, 2013, S. 224)

Erste wesentliche Voraussetzung für den Beginn des Coachings ist also ein „gesunder" Klient. Diese Einschätzung obliegt dem Coachee, seiner Führungskraft und ggf. der Personalentwicklung, die hierfür eine besondere Expertise benötigen. Die Einschätzung selbst wird der Phase der Wahrnehmung zugeordnet, die im Kapitel 6.3.1 näher betrachtet wird.

Ist sichergestellt, dass der Coachee noch keine akute Symptomatik aufweist, beginnt die Planung des eigentlichen Blended Coaching-Prozesses.

Empfohlen wird hierfür ein Mix aus Einzel- und Selbstcoaching. Ein Gruppencoaching ist nebst den in Kapitel 3.2 beschriebenen Nachteilen auch aus Gründen der Anonymitätswahrung im Kontext des „negativ behafteten" Themas Burnout nicht zu empfehlen. Hieraus beantwortet sich ebenso die Frage, ob ein Coaching in Frage kommt, welches durch einen internen Coach begleitet wird. Themen, die im Rahmen einer Burnout-Prävention bearbeitet werden, können potenziell auch immer privater Natur sein. Um diesen besonderen Aspekt der Vertraulichkeit zu gewährleisten, wird ausschließlich der Einsatz unternehmensexterner Coaches empfohlen. Deutet sich an, dass die potenziellen Auslöser eines Burnouts vielschichtig sind und ggf. ein Coach allein mit seiner Expertise nicht alle Themenfelder ausreichend mit dem Coachee bearbeiten kann, besteht die Möglichkeit mehrere Coaches in den Blended Coaching-Prozess einzubinden.[189] Gerade bei dieser Form des Coachings ist es denkbar, dass je nach Coaching-Anliegen verschiedene Prozess-Experten eingebunden werden können, dann jedoch muss eine detaillierte und regelmäßige Abstimmung der parallel eingebundenen Coaches gewährleistet sein.

Eine weitere wesentliche Voraussetzung ist die Verfügbarkeit angemessener technischer Ressourcen für den Blended Coaching-Prozess. Hierzu gehört die passende IT-Infrastruktur, wie z.B. ein mobiles Endgerät, eine Kollaborationsplattform (z.B. Moodle), aber auch die Möglichkeit eines Rückgriffs auf einen technischen Support.[190]

Sofern der Coachee nicht über die notwendige Medienkompetenz verfügt, ist dem Coaching-Prozess eine entsprechende Schulung vorzuschalten.

Ähnlich wie bei einem normalen Coaching-Prozess sind die Verfügbarkeit finanzieller, zeitlicher und räumlicher Ressourcen sicherzustellen.

---

[189] (Hartmuth, 2012, S. 31)

[190] (Geißler & Metz, 2012, S. 89)

Je nach den gewählten Kompetenzentwicklungsfeldern und den genutzten Methoden sollte der Blended Coaching-Prozess bis zu 12 Monate dauern, um eine nachhaltige Kompetenzentwicklung zu ermöglichen.

6.3 Das Konzept im Überblick

In den folgenden zwei Abbildungen wird das Blended-Coaching-Konzept im Überblick dargestellt. Der erste Teil visualisiert die Verknüpfung der „12 zentralen Wege der Burnout-Prävention" (orange) mit dem Coaching-Prozess (blau). Komplettiert wird die Abbildung mit Elementen (lila), die den Coaching-Prozess hinsichtlich der Burnout-Prävention konkretisieren.

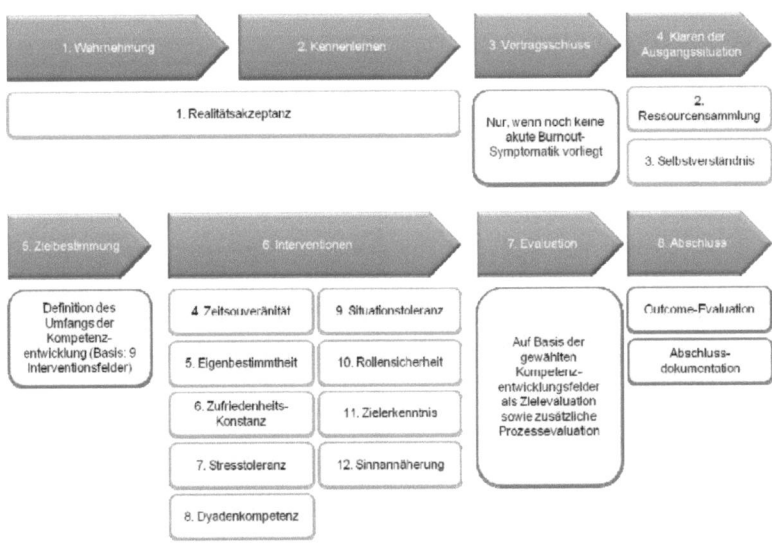

Abbildung 7 - Blended Coaching-Konzept Teil 1[191]

Die zweite Abbildung skizziert je Prozessschritt die möglichen Methodiken bzw. Medien. Die genannten Elemente verstehen sich als Vorschlag, der je nach Situation und Coaching-Anliegen modifiziert werden kann. So können beispielsweise einzelne Interventionsphasen komplett außen vor bleiben, wenn diese für die Zielerreichung nicht relevant sind. Bei der Wahl der Coaching-Form, der Methodiken und Medien sind darüber hinaus die Ressourcen des Coachees zu berücksichtigen.

---

[191] eigene Abbildung in Anlehnung an (Bergner, 2010, S. 15) und (Rauen, 2005, S. 275)

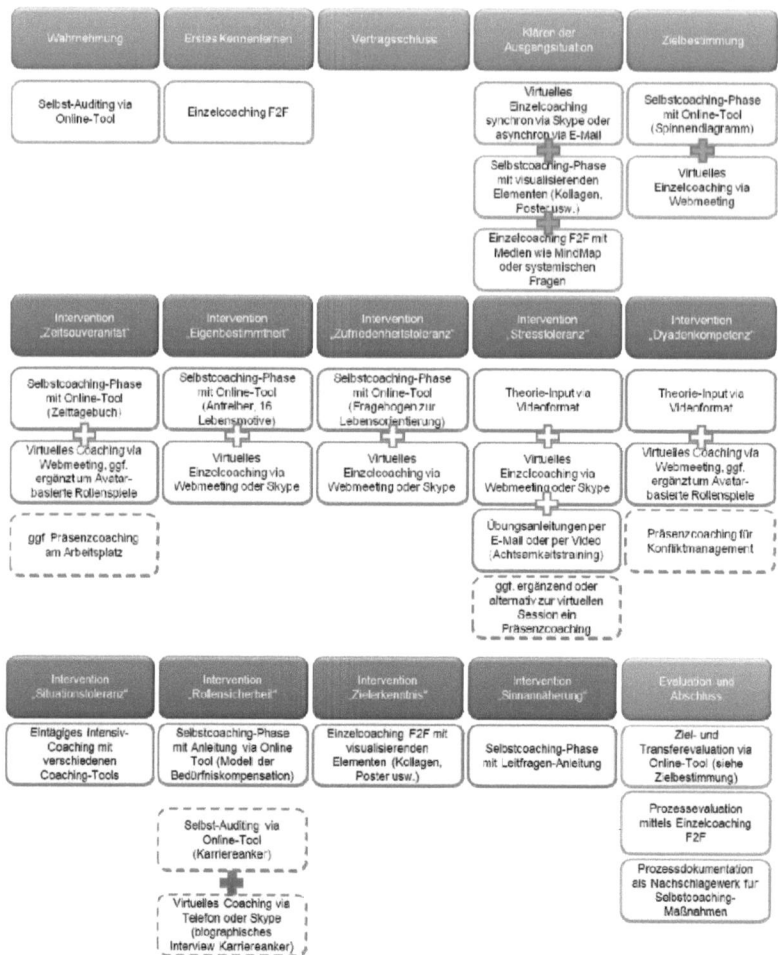

Abbildung 8 - Eingesetzte Methoden / Medien je Prozessschritt

Die folgenden Kapitel vertiefen die hier skizzierten Prozessschritte hinsichtlich des verfolgten Ziels, möglicher Inhalte und hierzu geeigneter Methoden und Medien.

6.3.1 Wahrnehmung des Coaching-Bedarfs

Ausgangspunkt des Coaching-Prozesses ist die Erkenntnis eines Coaching-Bedarfs, also einer „Realitätsakzeptanz"[192]. Diese Erkenntnis kann in der Praxis durch eine Beobachtung der Führungskraft oder der Kollegen entstehen, oder durch den Betroffenen selbst. Jedoch sind sich Burnout-gefährdete Personen ihres überhöhten Energieeinsatzes nicht immer bewusst, so dass ein „Anstoß" von außen wahrscheinlicher ist. Um den Beschäftigten einer Organisation dennoch die Möglichkeit einer Selbsterkenntnis einzuräumen, kann ein *„Selbst-Auditing"* in Form eines *Online-Tools* zur Verfügung gestellt werden, welches die Beschäftigten in regelmäßigen Abständen anonym durchführen können. Die Option der Durchführung dieser Tests, die offiziell durch das Unternehmen zur Verfügung gestellt werden, ist gleichzeitig ein Element der Ressourcenentwicklung auf der Ebene der Organisation, genauer des Gesundheitsschutzes (vgl. Kapitel 2.5).

Die Palette verfügbarer Selbsttests ist groß. Besonders geeignet scheinen wissenschaftlich fundierte Tests, da diese später gemeinsam mit dem Coach im Rahmen der Diagnostik ausgewertet werden können. Exemplarisch sei der Check nach einer bereits bestehenden Burnout-Symptomatik nach Burisch[193] genannt (vgl. Anlage 1), aber auch das Hamburger Burnout Inventory[194] (vgl. Anlage 2), welches ebenfalls von Burisch entwickelt wurde. Diese Nutzung dieser Selbsttests entspricht einem textlichen, didaktisch vorstrukturiertem Coaching-Medium.

Die Selbsttests dienen lediglich der Wahrnehmung und der ersten Erkenntnis einer möglichen Problematik, ersetzen jedoch keine extern durchgeführte Diagnose.

6.3.2 Erstes Kennenlernen

Auch die Phase des ersten Kennenlernens von Coach und Coachee gehört zum Burnout-Präventionsziel der „Realitätsakzeptanz". Wesentliches Element dieser Phase ist eine extern durchgeführte Diagnostik durch den Coach, der hierfür zwingend speziell ausgebildet sein muss. Wird im Rahmen der Diagnostik fest-

---

[192] (Bergner, 2010, S. 14)

[193] (Burisch, 2014, S. 26ff.)

[194] (Burisch, 2006); URL: http://www.hilfe-bei-burnout.de/wp-content/uploads/2014/09/Hamburger-Burnout-Inventory-HBI40-Test.pdf; abgerufen am 22.08.2015

gestellt, dass die Burnout-Symptomatik des Coachees bereits stark ausgeprägt ist, ist ein Coaching nicht angezeigt – es kommt nicht zu einem Vertragsschluss. Vielmehr ist dem Beschäftigten an dieser Stelle eine therapeutische Maßnahme zu empfehlen.

Der Coach erfasst zunächst einige wesentliche Daten des Coachees, die sich auf die Gestaltung des Coaching-Prozesses auswirken können. Hierzu zählen auf individueller Ebene z.B. das Alter, das Geschlecht, die Qualifikation, das Eintrittsdatum ins Unternehmen, eine aktuelle Abteilungs- und Aufgabenbeschreibung, eine Selbsteinschätzung des Coachees zum derzeitigen Motivationsstand, zum Selbst- und Fremdbild, zum persönlichen Zeit- und Selbstmanagement und zum eigenen Lernverhalten. Außerdem interessant ist der persönliche Wissensstand des Coachees zum Thema Burnout, zu Kenntnissen und Erfahrungen in Bezug auf Coaching sowie zum Umgang mit und Nutzungsverhalten von Computern und Online-Medien. Ebenfalls thematisiert werden die Erwartungen an den Coaching-Prozess, damit verbundene bestehende oder mögliche Probleme, Herausforderungen oder Hindernisse, aber auch die zur Verfügung stehenden zeitlichen und technischen Ressourcen.[195] Auf der Organisationsebene sind außerdem eine Beschreibung des Unternehmens sowie eine Einschätzung der Unternehmenskultur[196] für den Coach interessant, um den Arbeitskontext des Coachees besser zu verstehen.

Die anschließende Diagnostik besteht aus zwei Säulen, die jedoch unterschiedliche Coaching-Phasen betrifft. Die erste Säule beinhaltet die professionelle Auswertung des im Wahrnehmungsprozess verwendeten Selbsttests, wie im Kapitel 6.3.1 beschrieben.

Trotz der Diagnose des Coaches verbleibt das Restrisiko eines nicht erkannten Burnouts. Wichtig ist, dass sich alle Beteiligten dieses Risikos bewusst sind und einvernehmlich erklären, dass das Coaching sofort beendet und in eine therapeutische Maßnahme überführt wird, wenn im Prozessverlauf akute Burnout-Symptome bewusst werden.

Die zweite Säule der Diagnostik wird im Kapitel 6.3.4 ausführlich beschrieben.

Im Rahmen des Blended Coachings wird für den Prozessbeginn ein *Präsenztermin in Form eines Einzelcoachings* empfohlen. Dieser Termin dient dem gegenseitigen Kennenlernen, dem Vertrauensaufbau, der gegenseitigen Erwartungs-

---

[195] vgl. (Bohne, 2014, S. 64f.)

[196] vgl. (Bohne, 2014, S. 64f.)

klärung an das Coaching, der Entscheidung, ob Coach und Coachee miteinander arbeiten möchten, der Erfassung der oben genannten (o.g.) Daten und Parameter des Coachees sowie der Auswertung des Burnout-Selbsttests. Außerdem wird der mögliche Prozessverlauf, insbesondere die Verwendung von virtuellen- und Selbstcoaching-Elementen, thematisiert. Hierzu gehört auch die realistische Einschätzung über die Medienkompetenz des Coachees, die ggf. im Rahmen einer dem Coaching vorgeschalteten Schulung noch entwickelt werden kann. Sind alle Parameter positiv, wird ein schriftlicher Coaching-Vertrag geschlossen.

6.3.3 Vertragsschluss

Der Vertrag für einen Blended Coaching-Prozess sollte neben den im Kapitel 3.5 genannten Inhalten zusätzliche Elemente beinhalten.

Es ist schriftlich festzuhalten, wie viele Coaching-Sitzungen etwa in Präsenzform und wie viele Coaching-Sitzungen virtuell stattfinden. Durch wegfallende Fahrtkosten seitens des Coaches sind diesbezüglich ggf. auch divergierende Honorarsätze zu berücksichtigen. Auch eine ungefähre Schätzung des Zeitaufwands für Selbstcoaching-Elemente sollte schriftlich festgehalten werden. Sie dient der Planbarkeit für den Coachee, aber auch für die PE und die FK, sofern die Selbstcoaching-Phasen während der Arbeitszeit absolviert werden können. Diese Einschätzung hat zusätzlich einen absichernden Charakter dahingehend, dass der Coachee in den Phasen, in denen er eine Prozessberatung benötigt, nicht auf sich selbst gestellt ist. Da die Einschätzung zu Beginn des Coachings immer nur vage sein kann, sind Termine für Zwischenevaluationen zu vereinbaren und im Vertrag zu dokumentieren. Wird im Rahmen der Zwischenevaluation eine große Abweichung festgestellt, kann der Vertrag ggf. angepasst oder ergänzt werden.

Ein weiteres Vertragselement bezieht sich auf die Verwendung virtueller Medien. Hierzu gehört zum Beispiel eine Auflistung der von der Organisation freigegebenen virtuellen Medien, die Regelung eines Zugriffs des Coaches auf unternehmensinterne Kommunikationstools sowie sämtliche Aspekte der Datensicherheit und des Datenschutzes.

6.3.4 Klären der Ausgangssituation

Das Klären der Ausgangssituation umfasst die Burnout-Präventionsschritte „Ressourcensammlung" und „Selbstverständnis" nach Bergner.[197]

---

[197] vgl. (Bergner, 2010, S. 14)

Aufgrund der bereits in der Einleitung beschriebenen dynamischen Arbeitswelt, ergeben sich für Individuen häufig berufliche Neuorientierungen, die zu „Patchwork-Karrieren" führen. Sie sind gekennzeichnet durch nicht formal erworbene Kompetenzen und implizites Wissen. Die Coaching-Diagnostik muss dieser neuen Situation gerecht werden und kompetenzorientiert vorgehen.[198] Hierfür bietet sich als zweite Säule der Diagnostik das reflektierende, narrative Verfahren „Wie ich wurde, was ich bin" an. Es berücksichtigt vorhandene Ressourcen, Kompetenzen und Werte des Coachees und bildet damit die angestrebte individuelle Grundlage für den kompletten Beratungsprozess.[199]

In diesem *narrativ-konstruktivistischen Ansatz*, welcher auf die humanistisch-psychologischen Ansätze von Rogers zurückgeht, wird angenommen, dass Individuen über das Erzählen der eigenen Geschichte eine kausale Konstruktion zwischen ihrer Vergangenheit und Gegenwart herstellen. Dieses Vorgehen dient gleichzeitig der Planung eines Zukunftsbilds, der Konstruktion des Selbstkonzepts und der Entwicklung der eigenen Identität.[200]

Der Coachee wird instruiert, sein bisheriges Leben so bildhaft wie möglich Revue passieren zu lassen. Er soll im Anschluss sein Leben auf einem Zeitstrahl abbilden und es in für ihn sinnvolle Lebensabschnitte untergliedern. Mittels darauf folgender Leitfragen visualisiert der Coachee seine Erkenntnisse durch Bilder, Kollagen, Poster, Metaplantechnik, Stichwort-Sammlungen oder Präsentationen. Der visuelle Anker unterstützt bei der Aktivierung der Erinnerungen.[201] Der Coachee trägt im Verlauf der Diagnostik die komplette Verantwortung für die Strukturierung und spätere Verflechtung der sichtbaren Fähigkeiten und Fertigkeiten zu Kompetenzen. Der Coach agiert lediglich als Prozessberater.[202]

Ergebnis des Verfahrens ist eine MindMap, die die erarbeiteten Daten strukturiert. Ausgehend von der Mitte (dem Klienten) werden seine Rollen, Fähigkeiten, Fertigkeiten, Kompetenzen, Werte, die unterstützenden äußeren Faktoren sowie die hemmenden äußeren Faktoren und letztlich die entwicklungswürdigen Ergänzungen für die Zukunft gesammelt.[203]

---

[198] vgl. (Heppelter & Möller, 2013, S. 134f.)

[199] vgl. (Heppelter & Möller, 2013, S. 136)

[200] vgl. (Heppelter & Möller, 2013, S. 137)

[201] vgl. (Heppelter & Möller, 2013, S. 140)

[202] vgl. (Heppelter & Möller, 2013, S. 141)

[203] vgl. (Heppelter & Möller, 2013, S. 144)

Es wird empfohlen die Klärung der Ausgangssituation in drei Schritte zu untergliedern:

Ein virtuelles Einzelcoaching (z.B. synchron via Skype oder asynchron via E-Mail): Im Rahmen dieses virtuellen Parts wird dem Coachee Vorgehensweise, Sinn und Ziel des narrativen Ansatzes erläutert. Er erhält die o.g. Instruktion sowie die damit verbundenen Leitfragen als Hausaufgabe.

Eine anschließende Selbstcoaching-Phase: In dieser Phase bearbeitet er die Hausaufgabe. Dieses Vorgehen ist insofern sinnvoll, als das die Reflektion viel Zeit in Anspruch nehmen kann. Für Rückfragen während der Reflektionsphase kann der Coach per E-Mail oder Telefon zur Verfügung stehen.

Ein nachgelagertes Präsenzcoaching: Hier stellt der Coachee seine visualisierten Ergebnisse vor. Gemeinsam mit dem Coach erstellt er dann die Ergebnis-MindMap, die als Grundlage für den Coaching-Prozess dient.

6.3.5 Zielbestimmung

Die anschließende Zielbestimmung richtet sich nach den „zu erwerbenden Kompetenzen" aus. Grundlage hierfür bilden die Ergebnisse des narrativen Coachings (siehe Kapitel 6.3.4).

Der Coachee erhält eine Übersicht der zur Verfügung stehenden Kompetenzentwicklungsfelder mit den dahinterliegenden Interventionsmöglichkeiten. Die Kompetenzentwicklungsfelder entsprechend den Präventionsschritten nach Bergner. Über ein Spinnendiagramm schätzt der Coachee seinen aktuellen Kompetenzgrad sowie seinen gewünschten Kompetenzgrad je Entwicklungsfeld ein. Die nachfolgende Abbildung zeigt beispielhaft das Spinnendiagramm.

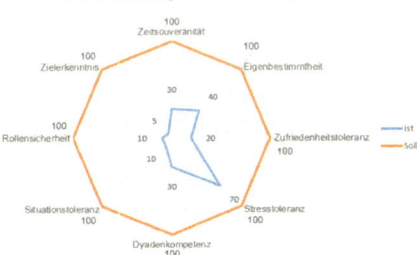

Abbildung 9 - Beispiel einer Zielbestimmung mittels Spinnendiagramm[204]

---

[204] eigene Abbildung

Die Einschätzung erfolgt zunächst im Rahmen einer Selbstcoaching-Phase. Das Spinnendiagramm kann über ein Online-Tool (z.b. Moodle) als Vorlage zur Verfügung gestellt werden. Mittels einer Erklärung der jeweiligen Kompetenzfelder sowie dazu passenden Leitsätzen ermittelt der Coachee sein „Ist" und sein gewünschtes „Soll". Mögliche Leitsätze beziehen sich auf die Palette passender Interventionen und könnten – am Beispiel der Zeitsouveränität erläutert – lauten:

- Ich lasse mich leicht von Störungen (Telefonklingeln, Anfragen von Kollegen …) ablenken.
- Es fällt mir schwer, Nein zu sagen.
- Manchmal weiß ich nicht, was ich zuerst machen soll.
- Ich „versinke" in E-Mails.

Die Ergebnisse reflektiert der Coachee anschließend gemeinsam mit dem Coach in einer *synchronen virtuellen Sitzung, am besten über ein Webmeeting, welches das Teilen von Dokumenten erlaubt.* Der Coach kann z.B. mittels systemischer Fragen die Validität der Angaben „prüfen" und ggf. in Abstimmung mit dem Coachee korrigieren. Auf Basis der Ergebnisse werden die nun folgenden Interventionen geplant und durchgeführt. Dabei müssen nicht alle Kompetenzentwicklungsfelder zum Tragen kommen. Nur wenn zwischen dem Ist und dem Soll eine starke Abweichung gegeben ist, ist dieses Feld für eine Intervention von Relevanz. Das Spinnendiagramm steht im Anschluss der Interventionen als Evaluationsinstrument zur Verfügung.

6.3.6 Interventionen

Die nachfolgenden Interventionen werden angelehnt an die Kompetenzentwicklungsfelder hinsichtlich ihres Ziels, möglicher Inhalte sowie geeigneter Methoden bzw. Tools vorgestellt.

6.3.6.1 Zeitsouveränität

Ziel der Kompetenzentwicklung ist es, dass der Coachee auch unter Berücksichtigung externer Einflüsse seine Zeit selbstbestimmt und souverän steuern kann.

Das aktive Verlernen von Multitasking[205] ist ein möglicher Inhalt dieser Intervention. Studien haben gezeigt, dass man im Durchschnitt nur ca. 11 Minuten

---

205 Multitasking – ursprünglich ein Begriff der Informationstechnologie – bezeichnet heute die Fähigkeit eines Individuums, verschiedene Dinge zeitgleich ausführen zu können. Inzwischen konnte mehrfach belegt werden, dass Multitasking praktisch nicht funktioniert und sich negativ auf die Effizienz auswirkt. So hat z.B. die Firma Microsoft in einer unternehmensinternen Untersuchung festgestellt, dass Mitarbeiter nach einer Unterbrechung (z.B. einem An-

bei einer Aufgabe bleibt, bevor man die nächste beginnt und das sogar dann, wenn man gar nicht dazu gezwungen ist.[206] Eine mögliche Methodik hierfür ist das Führen eines Zeittagebuchs im Rahmen einer *Selbstcoaching-Phase*. Das Augenmerk sollte hierbei auf dem Aufspüren individueller „Zeitfresser" und der Ursachensuche dazu liegen. Dies kann mittels einer *synchronen virtuellen Coaching-Sitzung* erfolgen, in der das Zeittagebuch ausgewertet wird. Damit beide synchron auf das Dokument schauen können, bietet sich eine *Webkonferenz* an, welche das Teilen von Dokumenten ermöglicht.

Der Umgang mit dem Gefühl eines „Information Overload" bietet einen weiteren Ansatzpunkt. Hat der Coachee das Gefühl von E-Mails „überschwemmt" zu werden, kann er gemeinsam mit dem Coach sein Umgang mit Mails, Terminen und Dokumenten reflektieren und ggf. neue Strukturen entwickeln. Arbeitet der Coachee im Wesentlichen digital, bietet sich eine *virtuelle Coaching-Sitzung* an, in der der Coachee seine Arbeitsoberfläche „teilt", so dass Coach und Coachee einen gemeinsamen Blick auf Ablagesysteme oder E-Mail-Programme haben. Ansonsten ist ein *Präsenzcoaching*, welches am Arbeitsplatz stattfindet, das Mittel der Wahl.

Die Fähigkeit Nein sagen zu können tangiert bereits die Intervention „Eigenbestimmtheit" und bietet deshalb einen idealen Übergang in die nächste Interventionsphase. Kann der Coachee nur schwer Nein sagen, ist dies ggf. in Glaubenssätzen begründet, die es näher zu eruieren gilt. Zum Trainieren dieser Fähigkeit bieten sich *Rollenspiele* an, die auch *virtuell, z.B. Avatar-basiert*, durchgeführt werden können.

6.3.6.2 Eigenbestimmtheit

Diese Intervention hat zum Ziel, dass der Coachee sich seiner eigenen Bedürfnisse bewusst wird und diese klar von Bedürfnissen anderer abgrenzen kann, die er glaubt, erfüllen zu müssen. Glaubenssätze spielen dabei eine wichtige Rolle. Hier verbergen sich Volksweisheiten („Eigenlob stinkt!", „Geld regiert die Welt!") oder Annahmen, die bereits ab der frühen Kindheit geprägt werden („Aufmerksamkeit und Liebe gibt es nur bei besonders guten Leistungen."). Auch die Überzeugung einem gesellschaftlichen Trend folgen zu müssen, gehört hierzu. „Glaubenssätze bestimmen unseren Alltag und werden normalerweise

---

ruf, einer eingehenden E-Mail usw.) ca. 15 Minuten benötigen, um wieder gänzlich in ihre vorherige Aufgabe einzusteigen. (Väth, 2011, S. 87)

[206] (Väth, 2011, S. 89)

nur dann überprüft, wenn sie mit schwerwiegenden Erlebnissen kollidieren, d.h. wenn Erlebnisse und Glaubenssätze nicht mehr zusammenpassen[207]." Umso wichtiger ist es, sich seiner Glaubenssätze bewusst zu sein und diese permanent zu hinterfragen. Ein probates Mittel zum Aufspüren von Glaubenssätzen kann der „Antreiber-Test", als ein *Element der Gestalttherapie*, sein. „Die Bedeutung des Antreiberkonzepts für Verständnis und auch Minderung von Burnout kann gar nicht hoch genug eingeschätzt werden[208]." Innere Antreiber können sein: „Sei stark!", „Sei perfekt!", „Mach es mir recht!", „Streng Dich an!", „Beeil Dich!" oder „Sei vorsichtig!"[209]. Der Test kann über ein *Online-Tool* als *Selbstcoaching-Phase* durchgeführt und in einer *anschließenden synchronen, virtuellen Sitzung* bearbeitet werden. Hier kann der Coachee gemeinsam mit dem Coach klären, welche Glaubenssätze er hat, von wem er sie übernommen hat und warum bzw. in wie weit diese Glaubenssätze heute noch Gültigkeit besitzen.[210] Durch das (regelmäßige) Hinterfragen der identifizierten Glaubenssätze kann sich eine Kompetenzentwicklung ergeben.

Eine Alternative bzw. Ergänzung zu den Antreibern kann das Konzept der „16 Lebensmotive" nach Steven Reiss darstellen. Die 16 Lebensmotive eines Individuums können sein: Macht, Unabhängigkeit, Neugier, Anerkennung, Ordnung, Sammeln / Sparen, Ehre, Idealismus, Beziehungen, Familie, Status, Rache / Kampf, Eros, Essen, Körperliche Aktivität oder Emotionale Ruhe. Über einen *online-basierten Fragebogen* mit 128 Items wird die persönliche Motivstruktur eines Menschen ermittelt.[211] Aufgrund der Bipolarität der 16 Motive ergeben sich mehr als eine Million mögliche Motivkonstellationen.[212] Das Verfahren ist testtheoretisch vollständig empirisch überprüft. Mit hohen Validitäts- und Reliabilitätswerten sowie einem geringen Grad sozialer Erwünschtheit (3 %) hebt es sich positiv von anderen Instrumenten ab.[213]

---

[207] vgl. (Scherrmann, 2015, S. 35)

[208] (Burisch, 2014, S. 224)

[209] vgl. (Lippmann, 2013, S. 66)

[210] (Väth, 2011, S. 112f.)

[211] vgl. (Brand & Ion, 2011, S. 18f.)

[212] vgl. (Brand & Ion, 2011, S. 20)

[213] vgl. (Brand & Ion, 2011, S. 22)

6.3.6.3 Zufriedenheitstoleranz

Ziel ist es, dass der Coachee ein Kohärenzgefühl entwickelt, in dem er sein Selbstbild mit seinem Fremdbild abgleicht und in Einklang bringt.

Aaron Antonovsky, der Begründer der Salutogenese, hat hierfür den Fragebogen „zur Lebensorientierung" entwickelt, der in 29 Items die Komponenten Verstehbarkeit, Handhabbarkeit und Bedeutsamkeit abprüft.[214] Ähnlich dem Vorgehen beim Antreiber-Test oder dem Konzept der 16 Lebensmotive besteht die Möglichkeit, diesen Fragebogen über *online-basiert* im Rahmen einer *Selbstcoaching-Phase* durchzuführen und in einer anschließenden *synchronen virtuellen Coaching-Session* entsprechend der Ergebnisse zu bearbeiten.

6.3.6.4 Stresstoleranz

Mit Interventionen zur Stresstoleranz soll erreicht werden, dass der Coachee ein Gefühl dafür entwickelt, welche Situationen in ihm positiven und negativen Stress erzeugen. Außerdem soll erreicht werden, dass der Coachee Methoden anwenden kann, um Disstress auszugleichen.[215]

Einen hilfreichen Ansatzpunkt hierzu liefert Volker Hepp, der 5 Stresspersönlichkeiten unterscheidet. Als Basis nutzt er die Überlebensstile des NARM™-Ansatzes von Dr. Laurence Heller, die die Anpassungsleistungen von Kindern an ihre gegebene Umwelt und die daraus resultierenden Folgen im Erwachsenenalter beschreiben.[216]

Denkbar ist ein Theorie-Input im *Video-Format*, der dem Coachee die unterschiedlichen Persönlichkeiten aufzeigt und somit zur *Selbstreflektion* anregt. Eine anschließende Bearbeitung in einer *synchronen virtuellen Coaching-Sitzung* oder einem *Präsenzcoaching* soll den Coachee dabei unterstützen, zugrunde liegende Glaubenssätze zu ändern oder Entspannungstechniken zu erlernen, die seiner Stresspersönlichkeit entsprechen. Sofern ein virtuelles Coaching gewählt ist, ist dabei besonders wichtig, die Kanalreduktion weitestgehend einzuschränken, also z.B. eine *Kommunikation mit Videoübertragung* zu nutzen, damit Mimik und Gestik sichtbar werden.

Wie im Kapitel 3.4 bereits skizziert wurde, bietet sich auch ein Achtsamkeitstraining, als ein Element der *Gestalttherapie*, zur Stressreduktion und Burnout-

---

[214] vgl. (Brähler & Singer, 2007, S. 10f.)

[215] vgl. (Väth, 2011, S. 118)

[216] vgl. (Hepp, 2013, S. 22f.)

Prävention an. Achtsamkeitsübungen können im Rahmen eines *Selbstcoachings* erfolgen, welches durch Übungsanleitungen unterstützt wird. Die Übungsanleitungen können dem Coachee z.B. in regelmäßigen Abständen *per E-Mail oder als Video* zur Verfügung gestellt werden. Die Variante der E-Mail hat den Vorteil, dass der Coachee dem Coach schnell und unkompliziert seine Erfahrungen mit den jeweiligen Übungen zurückspiegeln kann.

6.3.6.5 Dyadenkompetenz

Die Dyadenkompetenz umfasst das Beleben und Zulassen von Beziehungen. Da Kommunikation ein wesentlicher Bestandteil von gelingenden sozialen Bindungen ist, soll die Erweiterung der Kommunikationskompetenz in dieser Phase Ziel sein.

Ein Ansatzpunkt ist die Gewaltfreie Kommunikation (GfK) nach Marshall B. Rosenberg. Sie fokussiert die Entwicklung wertschätzender Beziehungen. Im Rahmen einer Burnout-Prävention ist das Modell deshalb so interessant, weil sich der Coachee zur Anwendung der GfK seiner eigenen Bedürfnisse und Empfindungen bewusst sein muss. Eine konsequente Anwendung der GfK stärkt also auch die Eigenbestimmtheit. Das Grundmodell der GfK besteht aus den vier Schritten Beobachtung, Gefühl, Bedürfnis und Bitte. Auch hier bietet sich ein *videogestützter Theorie-Input* an, der in einer *anschließenden synchronen virtuellen Coaching-Sitzung* reflektiert und geübt wird. Der Coach kann hierzu den Coachee anleiten, vergangene Situationen zu beschreiben, in denen er wütend wurde bzw. unangemessen „gewaltvoll" reagierte und ihn diese Situation mithilfe der 4 GfK-Schritte neu strukturieren lassen.

Ein weiterer Inhalt kann Konfliktmanagement sein. Hierfür bieten sich mehrere Coaching-Tools an. Beispielhaft soll „der leere Stuhl" genannt werden. Der Coachee analysiert eine Konfliktsituation, „wechselt die Seiten" und kann auf diese Weise Lösungen kreieren. Diese Intervention ist lediglich im Rahmen einer *Präsenzcoaching-Session* anwendbar. Als *virtuelle Alternative* kommen *Avatar-basierte Rollenspiele* oder das bereits vorgestellte Tool LPScocoon® zur Aufstellungsarbeit in Frage.

6.3.6.6 Situationstoleranz

Ziel der Situationstoleranz ist es, dass der Coachee den positiven Umgang mit Situationen übt, die er weder ändern noch verlassen kann.

Hierfür bietet sich das Konzept der Resilienz an. Es entstammt der Forschung kindlicher Entwicklung, nämlich vom Phänomen „unverwundbarer" Kinder aus den Slums von Minneapolis. Hier wurden Kriterien untersucht, die Kinder beschreiben, die trotz sehr schlechter häuslicher Verhältnisse dazu in der Lage sind, ihren Lebensweg zu gehen: Sie betrachten Probleme als Herausforderungen, lassen sich von Schwierigkeiten zu besonderen Anstrengungen anspornen und finden positive Gegengewichte zu den negativen Elementen ihrer Umgebung. Die Entwicklung von Resilienz folgt einigen systematischen Schritten, deren Erarbeitung sich deshalb für ein eintägiges *F2F-Intensiv-Coaching* anbietet. Die folgende Abbildung stellt diese Schritte dar und erfasst, wann auf bereits erarbeitete Themenfelder zurückgegriffen werden kann.

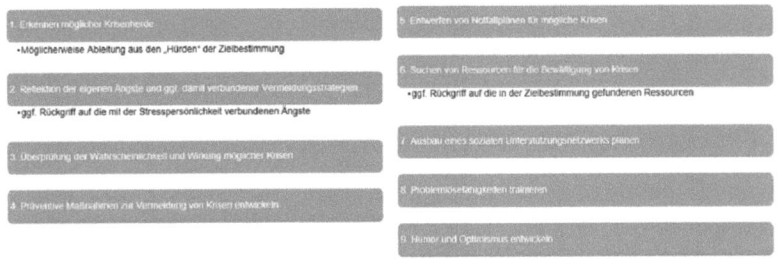

Abbildung 10 - Schritte der Resilienz-Entwicklung[217]

6.3.6.7 Rollensicherheit

Ziel dieses Kompetenzentwicklungsfeldes ist es, dass der Coachee erkennt, welche Rollen er in seinem Leben innehaben und ausfüllen möchte. Die Fokussierung auf bestimmte Rollen nimmt dem Coachee den Druck, überall gleich intensiv präsent sein zu müssen. Die Entlastung trägt zu einem selbstbestimmteren Leben und damit zur Burnout-Prävention bei.

Kitz und Tusch haben hierfür das „Modell der Bedürfniskompensation" als *Selbstcoaching-Maßnahme* entwickelt. Hierzu identifiziert der Coachee zunächst seine Teilidentitäten (also z.B. Chef, Kollege, Mutter, Lebenspartnerin, Vereinsmitglied etc.). Dann ermittelt er unter Zuhilfenahme einer Bedürfnis-Tabelle, welche Bedürfnisse in welcher Rolle besonders bedeutsam für ihn sind. Anschließend erstellt er eine „Top Five" seiner Bedürfnisse. Diese gleicht er letztlich mit seiner Rollenliste ab. Mit welchen Rollen können die „Top Five"-Bedürfnisse am besten befriedigt werden? Bei „Bedürfnis-Konflikten" überwiegt die individuelle wichtigere Rolle. Diese Maßnahme soll dem Coachee da-

---

[217] Eigene Abbildung in Anlehnung an (Scharnhorst, 2012, S. 216)

bei helfen, sich von äußeren Zwängen und dem Gefühl, in allen Lebensbereichen Perfektion anstreben zu müssen, zu lösen.[218]

Auch die Identifizierung von Karriereankern, die auf E. Schein zurückgehen, können zum Gewinn der Rollensicherheit beitragen. Zur Ermittlung der Karriereanker steht entweder ein *online-basierter Selbsttest* oder eine *biographische Interview-Methode* zur Verfügung, die Coach und Coachee z.b. *telefonisch oder über ein Webmeeting* durchführen können. Das Webmeeting bietet den Vorteil einer parallelen schriftlichen Ergebnisdokumentation. Bestenfalls werden Selbsttest und Interview kombiniert.[219]

6.3.6.8 Zielerkenntnis

In der Zielerkenntnis soll erreicht werden, dass der Coachee weiß, welche Ziele er wirklich erreichen möchte und wir es diese selbstbestimmt definiert, plant und umsetzt.

Basierend auf den verschiedenen diagnostischen Ergebnissen des Coaching-Prozesses kann der Coachee im Rahmen einer *Präsenzsitzung* seine nun ggf. neu definierten (Lebens-)Ziele visualisieren. Angelehnt an die Zielbestimmung kann er dies mittels Kollagen, Postern, PowerPoint-Präsentationen etc. tun. Stellt er gemeinsam mit dem Coach Veränderungen zu den Ergebnissen der Zielbestimmung fest, können diese mithilfe verschiedener *Fragetechniken* konkretisiert und geplant werden.

6.3.6.9 Sinnannäherung

Im letzten Kompetenzentwicklungsfeld reflektiert der Coachee die bis zu 11 vorangegangenen Felder hinsichtlich der Frage nach dem Sinn seines eigenen Lebens.

Dies wirkt zunächst sehr abstrakt. Eine mögliche Herangehensweise an diese *Selbstreflektion* kann das Buch „Was Sterbende am meisten bereuen" sein. Eine Pflegerin, die Sterbende in einem Hospiz begleitet, hat die Versäumnisse, die Sterbende am meisten bereuen, in 5 Einsichten zusammengefasst:

- Ich wünschte, ich hätte den Mut gehabt, mir selbst treu zu bleiben, statt so zu leben, wie andere es von mir erwarten.
- Ich wünschte, ich hätte nicht so viel gearbeitet.

---

[218] vgl. (Kitz & Tusch, 2011, S. 52-58)

[219] vgl. (Kahlert, 2013, S. 110)

- Ich wünschte, ich hätte den Mut gehabt, meinen Gefühlen Ausdruck zu verleihen.
- Ich wünschte, ich hätte den Kontakt zu meinen Freunden gehalten.
- Ich wünschte, ich hätte mir mehr Freude gegönnt.

Der Coachee kann hierüber erarbeiten, was seine Versäumnisse sind, worin die Motivation für seinen Arbeitseinsatz begründet liegt, wie er seine Gefühle wahrnimmt usw.[220]

6.3.7 Evaluation und Abschluss des Coaching-Prozesses

Wie im Kapitel 6.3.5 bereits angemerkt, kann das angefertigte Spinnendiagramm zum Abschluss des Coaching-Prozesses zur Zielevaluation verwendet werden. Der Coachee würde hier über das *Online-Tool* eine weitere Bewertung seiner neuen „Ist"-Einschätzung einfügen, so dass die Kompetenzentwicklung visualisiert wird.

Ähnlich kann mit einer zeitlich nachgelagerten Transfer-Evaluation verfahren werden. Zeichnet sich hier ab, dass die Kompetenzentwicklung wieder rückläufig ist, können ggf. einzelne Elemente in einem folgenden Coaching-Prozess aufgefrischt werden. Es empfiehlt sich schließlich die Prozessevaluation im Rahmen eines abschließenden *Präsenzcoaching-Termins* durchzuführen und mit ihm auch den Coaching-Prozess zu schließen. Hilfreich für den Coachee kann eine angefertigte Dokumentation über die einzelnen Phasen des Coachings sowie die verzeichnete Kompetenzentwicklung sein. Am Ende des Prozesses übergeben, bietet sie ein ideales Nachschlagewerk für etwaige *Selbstcoaching-Maßnahmen*.

---

[220] Vgl. (Scherrmann, 2015, S. 107f.)

7. Schlussbetrachtung

„Nenne keinen weise, ehe er nicht bewiesen hat,

dass er eine Sache von wenigstens acht Seiten her beurteilen kann."

Konfuzius

Die vorliegende Arbeit hatte zum Ziel, ein Blended-Coaching-Konzept zur Burnout-Prävention für den Einsatz in mittelständischen deutschen Unternehmen für eine breite Zielgruppe zu entwickeln. Die dargestellten Tendenzen der Burnout-Entwicklungen zeigen, das, insbesondere unter Berücksichtigung unserer dynamischen (Arbeits-)Welt, ganzheitliche Präventionskonzepte dringend benötigt werden. Der Einsatz von Blended-Coaching ist hierfür ein probates Mittel. Es wird einerseits der notwendigen Individualität in der Burnout-Prävention gerecht, andererseits ist es flexibel und damit kostengünstig(er) einsetzbar. Das entwickelte Konzept umfasst 12 Interventionsansätze, die in drei bis maximal 6 Präsenzcoaching-Sitzungen durch Ergänzung von virtuellen Elementen und Selbstcoaching-Elementen bearbeitet werden können.

Die kontinuierlichen Neuentwicklungen im Bereich der künstlichen Intelligenz lassen zudem vermuten, dass in den nächsten Jahren weitere Möglichkeiten zur Nutzung virtueller Ressourcen hervorgebracht werden, die heute noch nicht abbildbar sind.[221] Hierzu zählen z.B. Software-Lösungen, die individuelle Frage-Antwort-Schemata ermöglichen, aber auch der flächendeckende Einsatz sogenannter „Wearables", also intelligenter Kleidungsstücke oder Accessoires, mit der sich z.B. über die automatisierte Erfassung und Rückmeldung der Herzratenvariabilität ein Beitrag zur Burnout-Prävention leisten ließe. Mit dem Einsatz solcher Neuentwicklungen ergeben sich weitere Flexibilisierungs- und Kosteneinsparungspotenziale.

Darüber hinaus ist zu vermuten, dass die Nachfrage an virtuellen Coaching-Maßnahmen kontinuierlich steigen wird, was zum einen mit dem Eintritt der Generation Y auf den Arbeitsmarkt, zum anderen mit einer allgemein steigenden Medienkompetenz und dem individuellen Wunsch nach Weiterentwicklung bei gleichzeitiger Flexibilität zu erklären ist.

Kritisch anzumerken ist der stagnierende Forschungsstand, sowohl im Burnout- als auch im Coaching-Bereich. Für den Einsatz von Coaching, insbesondere E-

---

[221] (Hartmuth, 2012, S. 68)

oder Blended Coaching bleiben Qualitätsstandards und Wirksamkeitsfaktoren zu erforschen. Für den Einsatz virtueller Medien im Coaching wird die Perspektive des Datenschutzes und der Datensicherheit in Zukunft ein wesentlicher Erfolgsfaktor werden.

Literaturverzeichnis

Abels, H. (2008). Identitäten. In H. Willems, *Lehr(er)buch Soziologie*. Wiesbaden: VS Verlag für Sozialwissenschaften.

Baumgartner, P., & Payr, S. (1999). *Lernen mit Software*. Innsbruck: Studien Verlag.

Bergner, T. (2010). *Burnout-Prävention - Das 12-Stufen-Programm zur Selbsthilfe 2. Auflage)*. Stuttgart: Schattauer GmbH.

Berndt, D. (2011). *Professionalisierungsbestrebungen im Coaching*. München und Mering: Rainer Hampp Verlag.

Bitsch, G. (2013). *Theoretische Fundierung einer Coaching-Wissenschaft*. Wiesbaden: Springer Fachmedien.

Bohne, C. (2014). *Blended Coaching als Instrument der Personal- und Organisationsentwicklung*. Hamburg: Igel Verlag RWS.

Böning, U., & Kegel, C. (2015). *Ergebnisse der Coaching-Forschung*. Berlin Heidelberg: Springer-Verlag.

Brähler, E., & Singer, S. (2007). *Die 'Sense of Coherence-Scale' - Taschenbuch zur deutschen Testversion*. Göttingen: Vandenhoeck & Ruprecht.

Brand, M., & Ion, F. (2011). *Die 16 Lebensmotive in der Praxis*. Offenbach: GABAL Verlag.

Buchenau, P., & Nelting, M. (2015). *Burnout - Von Betroffenen lernen!* Wiesbaden: Springer Gabler.

Bundesanstalt für Arbeitsschutz und Arbeitsmedizin. (01 2013). *www.baua.de*. Abgerufen am 03. 08 2015 von Stressreport Deutschland 2012: www.baua.de/dok/3430796

Bundespsychotherapeutenkammer. (2015). *BPtK-Studie zur Arbeitsunfähigkeit*. Berlin: Bundespsychotherapeutenkammer.

Burisch, M. (2006). *http://www.hilfe-bei-burnout.de*. Von http://www.hilfe-bei-burnout.de: http://www.hilfe-bei-burnout.de/wp-content/uploads/2014/09/Hamburger-Burnout-Inventory-HBI40-Test.pdf abgerufen

Burisch, M. (2014). *Das Burnout-Syndrom (5. Auflage)*. Berlin Heidelberg: Springer-Verlag.

Cherniss, C. (1999). *Jenseits von Burnout und Praxisschock. Hilfen für Menschen in lehrenden und beratenden Berufen*. Weinheim Basel: Beltz.

Deutscher Bundesverband Coaching e.V. (2013). *http://www.marburgercoachingstudie.de/*. Abgerufen am 09. 08 2015 von Deutscher Bundesverband Coaching e.V.: http://www.coachcommunity.de/networks/files/download.162286%E2%80%8E

Dittler, U. (2003). *E-Learning: Einsatzkonzepte und Erfolgsfaktoren des Lernens mit interaktiven Medien (2. Auflage)*. München: Oldenbourg Wissenschaftsverlag.

Ebel, U., & Thiele, C. (2012). Virtuelles Transfercoaching (VTC). In H. Geißler, & M. Metz, *E-Coaching und Online-Beratung - Formate, Konzepte, Diskussionen*. Wiesbaden: Springer VS.

Geißler, H. (2012). Coaching meets Training - Zur Lösung des Transferproblems durch "Virtuelles Transfercoaching" (VTC). In R. Wegener, A. Fritze, & M. Loebbert, *Coaching entwickeln - Forschung und Praxis im Dialog (2. Auflage)*. Wiesbaden: Springer VS.

Geißler, H. (2014). Traditionelle und moderne Medien im Coaching. In R. Wegener, M. Loebbert, & A. Fritze, *Coaching-Praxisfelder. Forschung und Praxis im Dialog*. Wiesbaden: Springer Fachmedien.

Geißler, H., & Metz, M. (2012). *E-Coaching und Online-Beratung - Formate, Konzepte, Diskussionen*. Wiesbaden: Springer VS.

Geißler, H., & Wegener, R. (2015). *Bewertung von Coachingprozessen*. Wiesbaden: Springer Fachmedien.

Greif, S. (2012). Die wichtigsten Erkenntnisse aus der Coaching-Forschung für die Praxis aufbereitet. In R. Wegener, A. Fritze, & M. Loebbert, *Coaching entwickeln (2. Auflage)*. Wiesbaden: Springer VS.

Greif, S. (2013). Coaching bei Stress und Burnout: Nicht ohne Diagnostik. In H. Möller, & S. Kotte, *Diagnostik im Coaching*. Berlin Heidelberg: Springer-Verlag.

Hartmuth, D. (2012). *Wissenschaftliche Grundlegung für das Design eines Blended-Coaching-Instrumentariums*. Bremen: Europäischer Hochschulverlag GmbH & Co KG.

Hennig, G., & Pelz, G. (2002). *Transaktionsanalyse - Lehrbuch für Therapie und Beratung*. Paderborn: Junfermann Verlag.

Hepp, V. (2013). *Die 5 Stress-Persönlichkeiten*. Hamburg: Windsor-Verlag.

Heppelter, N., & Möller, H. (2013). Kompetenzorientierte Diagnostik im Coaching: Wie ich wurde, was ich bin. In H. Möller, & S. Kotte, *Diagnostik im Coaching*. Berlin Heidelberg: Springer-Verlag.

Hernstein Institut für Management und Leadership der Wirtschaftskammer Wien. (03. 06 2015). *http://www.hernstein.at*. (Hernstein Institut für Management und Leadership der Wirtschaftskammer Wien) Abgerufen am 03. 08 2015 von http://www.hernstein.at: http://www.hernstein.at/Institut/Presse/Pressemitteilungen/Burn-out-bei-Fuehrungskraeften/

Kabat-Zinn, J. (2013). *Gesund durch Meditation: Das vollständige Grundlagenwerk zu MBSR (2. Auflage) [Kindle Edition]*. München: O.W. Barth eBook.

Kahlert, H. (2013). Der Karriereanker als Diagnoseinstrument im Coaching. In H. Möller, & S. Kotte, *Diagnostik im Coaching*. Berlin Heidelberg: Springer-Verlag.

Kitz, V., & Tusch, M. (01. 04 2011). Systematisch zum Selbst - Zwänge erkennen. *Manager-Seminare*, S. 52-58.

Klein, S. (2011). Resilienz im Führungscoaching. In B. Birgmeier, *Coachingwissen (2. Auflage)*. Wiesbaden: VS Verlag für Sozialwissenschaften | Srpinger Fachmedien Wiesbaden GmbH.

Lieser, C. (2012). *Lernprozesse im Selbstcoaching*. Wiesbaden: VS Verlag für Sozialwissenschaften.

Lippmann, E. (2013). *Coaching - Angewandte Psychologie für die Beratungspraxis (3. Auflage)*. Berlin Heidelberg: Springer Verlag.

Matyssek, A. K. (2003). *Chefsache: Gesundes Team - Gesunde Bilanz*. Wiesbaden: Universum Verlagsanstalt GmbH KG.

Meier, R. (2013). *Theorie vom Selbstorganisierten Coaching*. Sternenfels: Verlag Wissenschaft & Praxis.

Middendorf, J., & Fischer, G. (2014 / 2015). *13. Coaching-Umfrage Deutschland*. Köln: BCO - Büro für Coaching und Organisationsberatung.

Moosbrugger, J. (2012). *Subjektivierung von Arbeit: Freiwillige Selbstausbeutung (2. Aufl.)*. Wiesbaden: Springer Fachmedien.

Nelting, M. (2010). *Burn-out - Wenn die Maske zerbricht: Wie man Überbelastung erkennt und neue Wege geht* . München: Wilhelm Goldmann Verlag.

Pines, A., Aronson, E., & Kafry, D. (2000). *Ausgebrannt. Vom Überdruss zur Selbstentfaltung (9. Auflage)*. Stuttgart: Klett-Cotta.

Pütz, B. (1997). *Psychische Grundkonflikte im Selbstmanagement-Prozeß von Führungskräften*. Verlag Peter Lang: Frankfurt am Main.

Rauen, C. (2005). Der Ablauf eines Coaching-Prozesses. In C. Rauen, *Handbuch Coaching (3. Auflage)*. Göttingen: Hogrefe.

Rauen, C. (2005). *Handbuch Coaching (3. Auflage)*. Göttingen: Hogrefe.

Rauen, C. (2008). *Coaching (2. Auflage)*. Göttingen: Hogrefe.

Rösing, I. (2003). *Ist die Burnoutforschung ausgebrannt?* Heidelberg: Asanger.

Rump, J., & Walter, N. (2013). *Arbeitswelt 2030 - Trends, Prognosen, Gestaltungsmöglichkeiten*. Stuttgart: Schäffer-Poeschel Verlag.

Sauter, W., & Sauter, S. (2013). *Workplace Learning*. Berlin Heidelberg: Springer Verlag.

Scharnhorst, J. (2012). *Burnout - Prävenationsstrategien und Handlungsoptionen für Unternehmen*. Freiburg: Haufe-Lexware GmbH & Co. KG.

Scherrmann, U. (2015). *Stress und Burnout in Organisationen*. Berlin: Springer-Verlag.

Schneider, E. (2014). *Sicherer Umgang mit Burnout im Unternehmen*. Wiesbaden: Springer Fachmedien.

Schreyögg, A. (2010). *Coaching für die neu ernannte Führungskraft (2. Auflage)*. Wiesbaden: VS Verlag für Sozialwissenschaften.

Statista - Das Statistik-Portal. (16. 08 2015). *Anzahl der Arbeitsunfähigkeitstage aufgrund psychischer und Verhaltensstörungen (F00–F99) nach Geschlecht in den Jahren von 2003 bis 2014 (AU-Tage je 1.000 Mitglieder)*. Von statista.de:
http://de.statista.com/statistik/daten/studie/451218/umfrage/au-tage-aufgrund-psychischer-und-verhaltensstoerungen-nach-geschlecht/ abgerufen

Statista - Das Statistik-Portal. (kein Datum). *Anzahl der Arbeitsunfähigkeitstage aufgrund des Burn-out-Syndroms (Z73) nach Geschlecht in den Jahren von 2003 bis 2014 (AU-Tage je 1.000 Mitglieder)*. Abgerufen am 09. 08 2015 von statista.de:
http://de.statista.com/statistik/daten/studie/446021/umfrage/arbeitsunfaehigkeitstage-aufgrund-des-burn-out-syndroms-nach-geschlecht/

Tröster, R. (2013). *Der Weg zu Burnout-freien Arbeitswelten*. Wiesbaden: Springer Fachmedien.

Väth, M. (2011). *Feierabend hab ich, wenn ich tot bin*. Offenbach: GABAL Verlag GmbH.

von Schumann, K. (2014). *Coaching im Aufwind - Professionelles Business-Coaching: Inhalte, Prozesse, Ergebnisse und Trends*. Wiesbaden: Springer Fachmedien.